CÓMO DOMINAR TUS EMOCIONES

Cómo Desarrollar tu Inteligencia Emocional y Mejorar tus Relaciones, Habilidades Sociales y la Felicidad a Largo Plazo

ALEX FISCHER

© **Copyright 2021 – Alex Fischer - Todos los derechos reservados.**

Este documento está orientado a proporcionar información exacta y confiable con respecto al tema tratado. La publicación se vende con la idea de que el editor no tiene la obligación de prestar servicios oficialmente autorizados o de otro modo calificados. Si es necesario un consejo legal o profesional, se debe consultar con un individuo practicado en la profesión.

- Tomado de una Declaración de Principios que fue aceptada y aprobada por unanimidad por un Comité del Colegio de Abogados de Estados Unidos y un Comité de Editores y Asociaciones.

De ninguna manera es legal reproducir, duplicar o transmitir cualquier parte de este documento en forma electrónica o impresa.

La grabación de esta publicación está estrictamente prohibida y no se permite el almacenamiento de este documento a menos que cuente con el permiso por escrito del editor. Todos los derechos reservados.

La información provista en este documento es considerada veraz y coherente, en el sentido de que cualquier responsabilidad, en términos de falta de atención o de otro tipo, por el uso o abuso de cualquier política, proceso o dirección contenida en el mismo, es responsabilidad absoluta y exclusiva del lector receptor. Bajo ninguna circunstancia se responsabilizará legalmente al editor por cualquier reparación, daño o pérdida monetaria como consecuencia de la información contenida en este documento, ya sea directa o indirectamente.

Los autores respectivos poseen todos los derechos de autor que no pertenecen al editor.

La información contenida en este documento se ofrece únicamente con fines informativos, y es universal como tal. La presentación de la información se realiza sin contrato y sin ningún tipo de garantía endosada.

El uso de marcas comerciales en este documento carece de consentimiento, y la publicación de la marca comercial no tiene ni el permiso ni el respaldo del propietario de la misma.

Todas las marcas comerciales dentro de este libro se usan solo para fines de aclaración y pertenecen a sus propietarios, quienes no están relacionados con este documento.

Índice

Introducción	vii
1. Analiza la forma en que piensas y miras el mundo	1
2. Cómo funciona el cerebro	11
3. La relación entre pensar demasiado, ansiedad, estrés y pensamientos negativos	21
4. Cómo afrontar la depresión	33
5. Fuerza mental: alta tolerancia a la frustración	43
6. Disfruta de tu empatía	49
7. Realinear tus niveles de confianza con tus habilidades	59
8. Pensamiento positivo	71
9. El poder del pensamiento positivo	81
10. Ley de atracción a través del control de tu mente	93
11. Las herramientas que necesitas	103
12. Establecimiento de metas	115
13. Creando hábitos en torno a sueños y metas	125
14. Mejora tu actitud	137
15. Disfruta de tu vida	147
Conclusión	157

Introducción

Algo falta en tu vida, algo que tu alma anhela, algo más grande y tremendamente abundante que te espera a la vuelta de la esquina. Lo único que se interpone entre tú y lo que sea que sea ese "algo", eres tú mismo/a, o más específicamente, tu forma de pensar y tu poca habilidad para controlar a tu mente. Este libro te ayudará a identificar y transformar las creencias limitantes que te están bloqueando de todas las abundantes posibilidades que te esperan, para que puedas tomar en serio lo que quieres y tomar medidas para que suceda.

No te preocupes, te voy a dar las herramientas que necesitas para hacerlo todo con facilidad. En el camino, también aprenderás a vencer la ansiedad, la depresión, los pensamientos negativos, la falta de atención, entre otros problemas.

Al hacerlo, serás mucho más feliz y, como resultado, podrás sacar más provecho de la vida. No puedes hacer un esfuerzo adicional y transformar tu vida sin cambiar tu sistema de creencias, que es como un programa que se ejecuta en segundo plano sin tu conocimiento y determina lo que es posible para ti.

Estoy emocionado y honrado de comenzar contigo este viaje, mi mayor deseo es que la información contenida en esto sea tan transformadora para ti como lo ha sido para mí y para las muchas personas con las que he tenido el privilegio de compartirla.

Quizás te preguntes qué tipo de impacto tendrá esto en tu vida. Todo lo que puedo decir es esto: ¡pruébalo! Haz un esfuerzo bueno, honesto y constante. Una vez que comiences a sentir un cambio en tu mentalidad, podrás presenciar cómo tus deseos comienzan a manifestarse justo ante tus ojos y comenzarás a ver lo que solo puede describirse como milagros sucediendo en todas partes. En general, aprenderás cómo puedes ser una mejor persona, cómo puedes ser la mejor versión de ti mismo/a.

Este libro te enseñará cómo practicar el pensamiento positivo, cómo controlar tus pensamientos, cómo la autodisciplina puede ayudarte y cómo usarla para tomar mejores decisiones.

Por supuesto, todos tenemos fortalezas y debilidades que cambiarán con regularidad, es crucial perfeccionar y mantener tus fortalezas mientras trabajas en tus debilidades; siempre hay más que aprender, y es genial adquirir conocimientos sobre algunos buenos hábitos para implementar y trucos para mejorar tu vida.

Tu programación (sistema de creencias) te lleva a tener pensamientos específicos y estos pensamientos generan emociones que te obligan a realizar acciones concretas. La mayoría de las personas tienen sistemas de creencias completamente formados una vez que alcanzan la edad adulta y, por lo general, mantienen los mismos por el resto de sus vidas. Nunca cambian sus creencias sobre el mundo, rara vez cuestionan lo que creen y, en cambio, se comportan como si sus puntos de vista fueran completamente correctos.

Lo que quiero es que cuestiones lo que sabes, identifiques tu sistema de pensamiento, reconozcas las emociones que éste genera en ti y logres controlarlas para pensar de manera positiva y comenzar una etapa de vida más tranquila, estable y que te permita alcanzar las metas que te propongas. Te doy la bienvenida a un viaje alucinante.

1

Analiza la forma en que piensas y miras el mundo

DE ACUERDO CON MUCHOS PSICÓLOGOS, el pasado tiene un impacto directo en tu vida actual. Comenzaremos por explicarte cómo conocerte a ti mismo/a y las diversas formas en que tu pasado influye en tu comportamiento presente, además de cómo manejar tu pasado en el presente.

Cómo el pasado afecta tu presente

Cuando te embarcas en un viaje para conocerte y controlarte a ti mismo/a para vivir una vida plena, necesitas investigar primero el desorden de tu pasado. El desorden en tu pasado puede actuar como obstáculos en la vida actual, impidiéndote seguir adelante.

Es probable que tus experiencias de hoy también hayan

sido influenciadas por tus experiencias pasadas y la forma en que actúas o interactúas con otras personas hoy en día es tal vez como resultado de eventos en tu infancia o vida adulta.

Es esencial comprender la conexión entre tu presente y tu pasado y cómo este pasado influye en tu futuro o presente. Es probable que diferentes eventos, sin importar cuán grandes o pequeños hayan sido, influyan en tu vida actual y tu futuro, tu personalidad y comportamiento hoy pueden ser el resultado de experiencias pasadas.

Los psicólogos dicen que los niños pueden absorber información tan rápido que a la edad de 6 años ya se han formado algunas creencias; durante tu niñez y vida adolescente, es probable que hayas formado muchas creencias, y estas han influido en tu personalidad y comportamiento en la actualidad. Es probable que las creencias que formaste en tu vida anterior influyan negativa o positivamente, pero también es posible cambiar tus creencias negativas y transformar tu vida, aunque no es fácil y requiere mucha paciencia y disciplina.

Cambia tus creencias para controlar tu comportamiento
Puedes preguntarte cómo es posible cambiar tus creencias. Primero, comienza reconociendo las creencias que han moldeado tu personalidad a lo largo de los años, al hacerlo,

es hora de profundizar en tu pasado e identificar qué te lleva a formar esas creencias. Esto no es fácil de hacer porque es posible que no hayas sido consciente de que estabas formando fuertes creencias, por lo que te podrías sentir impotente ante ellas. Sin embargo, una vez que puedas llegar a la raíz de por qué formaste ciertas creencias, será más fácil lidiar con ellas.

Identificar y comprender cómo se formaron es lo que te da el poder de liberarte de su dominio. Para entenderlo mejor, considera la siguiente escena: supón que tu jefe se queja de que tu desempeño estuvo por debajo del promedio y no te desarrollaste como se esperaba. Dice que espera un mejor desempeño el próximo mes, ¿no querrías saber qué salió mal y cómo sucedió esto, para poder solucionarlo? Esto se aplica también a tu comportamiento, si no comprendes qué causó que te comportaras de cierta manera, entonces será imposible cambiarlo.

Esta es la razón principal por la que, para cambiar y comenzar a vivir una vida libre de negatividad, debes identificar la influencia de tu pasado en tu mente.

Investiga cómo se formó y de dónde vino, entonces podrás lidiar con ese desorden y transformarte a ti mismo/a.

. . .

Puede que no seas consciente de por qué tienes cierta personalidad o te comportas de alguna manera en específico. Si realmente deseas cambiar tu vida para bien, necesitas un propósito que te motive a cambiar tu mente y la aleje de los pensamientos negativos, pero debes comprender tu vida en su totalidad para poder lograrlo.

Psicología: comprender, aceptar, curar el pasado, comprender el presente

Toda persona tiene un pasado y algunas personas han tenido pasados más dolorosos que otros o recuerdos más agradables de éste. Se sabe que las experiencias pasadas influyen en tu vida o comportamiento actual, la mayoría de los pasados dolorosos dejan a las personas con remanentes de dolor debido a alguna experiencia traumática que tuvieron.

Algunas personas, para lograr lidiar con sus recuerdos dolorosos, optan por reprimirlos con la esperanza de olvidar la experiencia traumática, o se adentran en comportamientos destructivos como comer en exceso, mantener problemas de ira, beber, aislamiento y muchos más. Curarse de esto no es fácil, sin embargo, es posible y factible; hay algunos pasos o estrategias que te ayudarán en tu camino, como los siguientes.

- Evalúa tus experiencias: debes afrontarlas porque no puedes negarlas. Permítete abrirte a pensamientos, experiencias internas y emociones. Elige un aspecto de alguna experiencia, medita en él y observa lo que te hace sentir; puede que experimentes sentimientos o emociones variadas hacia éste. Esto te ayudará a comprender la incidencia de ese evento en ti.
- Sé tolerante y compasivo/a: mientras meditas a través de tu experiencia, intenta comprenderla y sentir empatía por ella. Esto te permite ser compasivo/a contigo mismo/a, y aliviar tus desafíos emocionales; te ayuda a comprender la experiencia, aceptar que sucedió y perdonarte a ti mismo/a por ello.
- Tómate un descanso, es importante: no es fácil afrontar tus dolores y miedos; se necesita mucho coraje, pero deberías moverte con cautela, presta atención a las experiencias que no llegan a ti inmediatamente.
- Cuando te sientas abrumado/a por las emociones, es recomendable hacer una pausa; cuando te sientas mejor, reanuda. La clave es intentar aumentar la conciencia de tu persona a un ritmo tolerable.
- Cálmate: para calmarte, aprende a respirar conscientemente, concéntrate en tu respiración mientras bloqueas todo lo demás. También puedes decidir participar en una actividad

- positiva como el ejercicio, que alivia enormemente el estrés.
- Reúne todo: este es el punto en el que para curar el dolor pasado, debes reconocer tu existencia. Reconoce el dolor, acéptalo y sé compasivo/a con él. Notarás que comienzas a desarrollar una autoconciencia más profunda sobre la experiencia mientras aumentas tu tolerancia sobre ella. A medida que avances, aprende a reconocer cuándo te estás acercando al límite de lo que puedes manejar y cálmate en ese punto.

Cuando hagas esto, te darás cuenta de que es posible que no cambies la forma en que te relacionas contigo mismo/a y que tu dolor en el pasado puede que no cambie, pero cambiará tu experiencia, permitiéndote seguir adelante con una actitud más positiva en tu vida.

La importancia de reconocer y romper patrones de pensamiento negativos

Que una persona forme un cierto hábito a partir de las cosas rutinarias que hace, puede convertirse en una herramienta mental muy poderosa. Reconocer y tratar el proceso de pensamiento de un individuo no es fácil: si existen pensamientos negativos que provienen de depresión, ansiedad, fobias u otras condiciones mentales, se vuelve más complicado controlarlos y cambiarlos.

Los pensamientos negativos se comparan pequeñas heridas que una persona continúa encontrando cuando no tiene idea de cuál es la causa. A veces, una persona no se da cuenta de que tiene pensamientos negativos hasta que comienzan a afectar su vida. Dependiendo de los factores desencadenantes y la condición de un individuo, necesitarán varios enfoques de psicoterapia, medicamentos y cambios en el estilo de vida; si la terapia no se incluye como parte del tratamiento, puede ser mucho más difícil para una persona obtener un cambio eficiente.

Una forma en que una persona puede romper con su patrón de pensamiento negativo es haciendo un cambio mental gradualmente.

Cambiar tu forma de pensar significará que serás consciente de los pensamientos negativos y tomarás una decisión consciente para cambiarlos.

Examina cómo reflexionas sobre diferentes situaciones o lo que piensas sobre alguna situación en particular, e intenta cambiar tu enfoque hacia alguna otra cosa. Esto requiere deshacer los comportamientos negativos y cómo has programado tu mente a través de las cosas aprendidas. Por ejemplo, si mientras crecías te dijeron que debías ser el/la mejor en la vida y en la escuela, es posible que hayas programado tu mente para el perfeccionismo. Esto puede ser muy estresante y hacer un cambio mental es una excelente manera de luchar contra el estrés y la ansiedad. Debes identificar tus patrones de pensamiento más frecuentes, reconocer los pensamientos negativos y cómo puedes redirigirte para tener pensamientos constructivos.

¿Cómo reconocer tus pensamientos negativos?

Los pensamientos del "deber ser"

Cuando te das cuenta de que tus pensamientos están rodeados por la palabra "debería", debes detenerte y analizar. Por ejemplo, pensamientos como: *"debería sentirme/hacer algo/actuar mejor"*, *"debería ejercitarme todos los días"*, *"debería cambiar mi forma de comer"*, *"debería cambiar mi forma de pensar"*…

Las intenciones detrás de estos pensamientos son nobles, de acuerdo con la situación, podría ser más saludable hacer ejercicio y comer alimentos integrales. La palabra "debería", sin embargo, puede causar pensamientos de culpabilidad y hacer que tengas más pensamientos negativos.

Los PNA

· · ·

Además de los pensamientos del "deber ser", estaría bien reconocer otros patrones que te conducen automáticamente a pensar de manera negativa. Detrás de las declaraciones del "debería", es posible tener otras distorsiones cognitivas en el pensamiento negativo. Estas se denominan "Pensamientos Negativos Automáticos" (PNA).

Cuando tienes una reacción o sentimientos fuertes hacia algo, los PNA son tus pensamientos iniciales; son más reflejos que pensamientos libres. Los PNA son aprendidos y muy persistentes, en su mayoría repiten temas como fobias o peligro, además de que son muy comunes en personas con pensamientos depresivos o ansiosos; por ejemplo, hacen que las personas ansiosas se aceleren, convirtiendo sus pensamientos en graves ataques de pánico. Desafortunadamente, reconocer las PNA no es fácil, mucha gente los ha tenido toda su vida y no lo sabe.

Piensa en alguna situación actual y tu actitud o estados de ánimo hacia dicha situación, ¿qué pensamientos o imágenes te vienen a la mente en ese momento? Una vez que establezcas esto, debes dirigir tus pensamientos a otros más productivos, más sabios o más útiles.

· · ·

¿Qué te está causando ansiedad? Cuando comiences a analizar tus pensamientos, los estarás poniendo a prueba. Empieza preguntándote qué, quién, dónde o cuándo; al hacer esto, te ayudas a describir lo que sucedió mientras te aseguras de que no te desvíes de los hechos a los sentimientos.

2

Cómo funciona el cerebro

El cerebro es uno de los órganos más importantes del cuerpo porque coordina las funciones de otros órganos. Por lo tanto, realiza múltiples funciones que son importantes para la supervivencia y también determina importantes rasgos de carácter.

El cerebro tiene varias partes diferentes que primero deben tenerse en cuenta: el cráneo es parte del esqueleto y la capa exterior dura que protege las partes sensibles vitales del cerebro; encierra completamente las capas internas del cerebro y se une a la médula espinal para formar una capa externa protectora que mantiene bajo control al órgano importante.

Es necesario comprender exactamente cómo funciona el cerebro porque esto te permite buscar constantemente métodos para mejorarte a ti mismo/a. El cerebro es responsable de diferentes actividades de aprendizaje dentro de un individuo y este es un rasgo importante para cualquier persona que se encuentre buscando mejorar continuamente.

El telencéfalo es la parte más grande del cerebro y es la parte más comúnmente referida cuando la gente habla sobre el cerebro, su capa más externa está cubierta de materia gris que se encarga de procesar la información y tiene arrugas y pliegues profundos para aumentar el área de superficie sobre la cual puede procesar información. El telencéfalo se divide en dos partes principales (hemisferios) que están separadas por una fisura, ambas partes mantienen comunicación entre sí a través de una serie de nervios y son responsables de varias partes coordinadas del cuerpo. El lado opuesto del cerebro generalmente maneja a un lado del cuerpo.

Los hemisferios del cerebro se dividen en cuatro lóbulos principales; los lóbulos frontales son responsables de la memoria a corto plazo, el pensamiento, la resolución de problemas, la planificación, el movimiento y la organización.

Es la parte más importante del cerebro dentro de los hemisferios y desempeña un papel fundamental en el funcionamiento del resto del cerebro.

. . .

Los lóbulos parietales están inmediatamente después de los lóbulos frontales y son los encargados de interpretar la información sensorial, trabajan en estrecha colaboración con los nervios y ayudan a descifrar cosas como la temperatura, el gusto y el tacto. Tienen un papel importante en la forma en que respondemos a diferentes estímulos.

Los lóbulos ópticos trabajan de cerca con los ojos porque son los encargados de procesar las imágenes que ves y vincularlas con las imágenes almacenadas en la memoria. Esta es la única parte del cerebro que asocia todas las experiencias de aprendizaje visualmente en información completa que puede utilizar.

Los lóbulos temporales son los últimos y están ubicados en lo profundo del cerebro. Su propósito es procesar la información obtenida de diferentes partes de sus sentidos, como el tacto, el olfato y el sonido; el procesamiento de esta información te permite reaccionar de una manera específica en función de la información adquirida.

Los lóbulos temporales también desempeñan un papel fundamental en el almacenamiento de recuerdos en el cerebro. Siempre que piensas mucho y tratas de recordar cosas que te sucedieron hace mucho tiempo, los lóbulos temporales están activos porque almacenan esos recuerdos en lo profundo de la cabeza y son accesibles siempre que recuerdas.

El cerebelo es una bola de tejido escarpado que se puede encontrar en la parte inferior del cerebro, directamente debajo de los lóbulos temporales. Desempeña el papel sensible de combinar la información sensorial de los oídos, los ojos y los músculos para ayudar en la coordinación del movimiento.

Directamente debajo de él está el tallo cerebral que proporciona una conexión entre el cerebro y la médula espinal. Esta parte del cerebro es esencial para condiciones de vida importantes como la presión arterial, la frecuencia cardíaca y la respiración. Siempre que tengas problemas para dormir, tus médicos también querrán revisar esta parte porque es la encargada de regular la forma en que duermes.

También hay otras estructuras importantes del cerebro que se ubican entre los lóbulos, consisten principalmente en tres partes: el hipocampo, el hipotálamo y el tálamo. Todas estas partes tienen un papel importante que desempeñar dentro del cerebro y coordinan el funcionamiento de otras partes del cuerpo.

. . .

El hipocampo es responsable del almacenamiento de la memoria dentro de lo que fue apropiado por el telencéfalo. Recupera estos recuerdos de su ubicación profunda cuando sea necesario, y representa un papel importante en el aprendizaje porque estos recuerdos nos ayudan a comprender diferentes cosas.

El hipotálamo es responsable de controlar el estado de las emociones dentro de tu cuerpo. También sirve para regular la temperatura corporal, algo que es fundamental para el funcionamiento de otros órganos importantes del cuerpo. Otros impulsos como dormir y comer también se controlan desde este punto.

El tálamo es el punto en el que los mensajes pueden transmitirse eficazmente entre la médula espinal y los hemisferios cerebrales.

Esta conexión es muy importante porque permite la transmisión de información crucial que afecta el funcionamiento del cuerpo, así como recordar recuerdos lejanos desde adentro.

El tálamo, el hipotálamo y el hipocampo se encuentran a ambos lados del cerebro, debajo de los lóbulos del cerebro y desempeñan una función extremadamente importante en la regulación general de funciones corporales importantes. Juntos, los tres se denominan sistema límbico.

El sistema nervioso periférico describe la combinación de todos los nervios del cuerpo, excepto los que se encuentran dentro del cerebro y la médula espinal. El sistema nervioso es un relé de comunicación entre las extremidades de tu cuerpo y el cerebro; por ejemplo, si golpeas tu pierna con una piedra, las señales de dolor viajan instantáneamente al cerebro y le dicen a los músculos que se retiren de la piedra.

¿Es posible reconfigurar tu cerebro?

Los científicos han descubierto que negarle a un individuo la posibilidad de llegar a sus extremidades "correctas" hace que sea más probable que el cerebro encuentre un camino alternativo... ¡una nueva configuración! ¿Por qué pasa esto? ¡Fácil, nuestro cerebro siempre toma el camino MÁS FÁCIL! No dije "el camino más ventajoso para ti", ¡sino el más conveniente!

¿Podría ser esta la razón por la que podemos escribir fácilmente nuestras metas? Sin embargo, ¿lograrlos se considera (generalmente) más difícil que escribirlos? ¿Por qué algunos de nosotros nos fijamos una meta o seguimos un camino específico y usamos los viejos patrones y hábitos tan rápidamente? ¿Qué se necesita? Los cables cerebrales cierran las carreteras viejas y, en su lugar, encienden nuevas rutas. ¿Cómo vas a hacer eso? Bueno, vamos a llegar a eso.

Pero… ¿y el miedo? Siempre (la mayoría de nosotros) hacemos todo lo posible para evitar las cosas que más tememos, lo cual tiene sentido, y primero, ¡debemos deconstruir el cableado antiguo! Lo extraño es que todos sabemos que hacer lo que más temes es una forma de deconstruir el cableado del miedo, porque así creas una nueva forma de hacer las cosas (una nueva configuración) y reconfiguras tu propia mente.

El objetivo es hacer que el camino hacia la parte más segura de ti sea el más fuerte, creando así un camino para superar a todos los demás. Debe ser este el camino dominante y el más cómodo. Piensa profundamente en ello, en cualquier lugar donde puedas ver que esto está sucediendo... Sea lo que sea lo que queramos, debemos tener en cuenta que el cerebro prefiere la forma más fácil. La ruta más fácil para cambiar es decir *'es demasiado difícil de redirigir'*, o es más, *'traté de hacerlo, pero no funcionó'*, o *'fallé'*.

Entonces, ¿cómo creamos nuevas rutas? Reconecta tu cerebro asimilando lo bueno. ¿Has notado que las experiencias positivas parecen más fugaces que las negativas? Puedes tomarte unas vacaciones fabulosas o hablar de manera brillante, pero tu estado de ánimo decae al día siguiente. Por otro lado, cuando cometes un error en público o confundes a un cliente, es probable que hagas hincapié en esto durante mucho más tiempo.

Este sesgo cerebral normal es importante desde el punto de vista de la supervivencia hacia lo negativo, aquellos que estaban relajados y dedicados a las cosas agradables de nuestros antepasados mamíferos tenían más probabilidades de ser devorados por depredadores que por aquellos que estaban nerviosos y siempre buscando el peligro.

La buena noticia es que una práctica muy simple reconfigurará tu mente con regularidad, para reemplazar tu sesgo negativo con un sesgo positivo. Estos son los pasos:

- Reserva 5 minutos.

Elige algo que te haga feliz en este momento. Es posible que las personas que son especiales para ti te amen, o puede ser que tengas una gran comida programada para esta noche o que sea día de paga en tu trabajo. Incluso si estás enfermo/a o lesionado/a, podrías concentrarte en el funcionamiento armonioso de tu cuerpo y tus órganos.

- Concentra tu atención durante al menos 20 segundos en esta experiencia positiva.

Es así de sencillo. Si eres como la mayoría de nosotros, la mente divaga y se resiste a concentrarse en una experiencia positiva, pero lo que haces en este período de 20 segundos es darle tiempo al cerebro para saborear lo que es bueno, desde la memoria a corto plazo hasta la memoria a largo plazo, y aprender de ello.

Recuerda que hay una diferencia entre una breve experiencia positiva de 20 segundos y un énfasis de 20 segundos en saborear el resultado de la experiencia, eso es lo que marca la diferencia en el mundo que te permite construir tu estado interior sobre una base positiva.

Con esta base optimista, los recursos están más disponibles para el cambio. Es posible que ya hayas encontrado este beneficio si tienes práctica en la apreciación. ¡Inténtalo! Esto toma solo cinco minutos a la vez. Si inviertes regularmente en esta práctica fácil y analizas cualquier cosa que pueda bloquearla, los resultados pueden cambiar tu vida.

3

La relación entre pensar demasiado, ansiedad, estrés y pensamientos negativos

Nuestros pensamientos definen lo que nos sucede y desde una perspectiva psicológica, eso significa que podemos controlar lo que nos sucede simplemente aprendiendo a controlar nuestros pensamientos. Esta es una técnica poderosa, de hecho. Saber que tienes poder sobre lo que te sucede es algo que la mayoría de la gente desconoce; la realidad es que te conviertes en lo que piensas.

Lo que piensas afecta tu salud mental y tu bienestar, tus pensamientos te llevan al estado emocional que podrías estar experimentando.

A menudo, esto afectará tu salud, si tus pensamientos están preocupados por eventos tristes, lo más probable es que te sientas constantemente triste; si estás pensando constantemente en las actividades divertidas que realizas con tus amigos, entonces atraes la misma energía a tu vida. A partir de esto, obtendrás una visión más profunda de por qué tus pensamientos podrían identificarse como la causa de la disminución de tu productividad en el trabajo, tu falta de sueño y el fracaso de tus relaciones sociales.

La ley de la atracción

Si te preocupa la dirección que está tomando tu vida, entonces la ley de la atracción puede ser una herramienta útil para volver a encarrilarte. En la superficie, podrías concluir que se trata de una ley que te ayuda a atraer las cosas que te rodean; tal como sugiere el nombre, esta es una ley poderosa que sugiere que atraes aquello en lo que te enfocas. Lo creas o no, esta ley siempre está trabajando para dar forma a tu vida.

Lo que la gente no comprende es que constantemente están dando forma a sus vidas, consciente o inconscientemente; la vida que tienes hoy se atribuye a lo que pensabas hace años.

Claro, es posible que no obtengas exactamente lo que querías, pero estarás mejor que pensar negativamente.

. . .

Tu futuro está determinado por la forma en que piensas y la forma en que respondes a las situaciones de hoy, por tanto, si crees que los próximos meses serán difíciles para ti, puedes tener la seguridad de que es más probable que lo sean; por otro lado, si tienes la percepción de que te vas a divertir, es más probable que disfrutes de la vida a medida que se desarrolla según sus expectativas.

La ley de la atracción se basa en un concepto simple: atraes aquello en lo que eliges concentrarte. Ya sea que elijas pensar de manera negativa o positiva, todo depende de ti. Si eliges concentrarte en el lado positivo de la vida, atraerás cosas buenas a tu camino, estarás lleno/a de alegría y abundancia; vivirás tu vida sintiéndote enérgico/a y listo/a para manejar cualquier cosa que se te presente. Por el contrario, si eliges concentrarte en lo negativo, tu vida estará llena de miseria, nunca serás feliz con las personas que te rodean, a menudo, te sentirás cansado/a de vivir; tu productividad en el trabajo y en el hogar se verá afectada, siempre serás esa persona que encuentra lo negativo en todo. Todo esto es el resultado de en qué elijas enfocarte.

Saber cómo funciona la ley de la atracción puede abrir las puertas del éxito en tu vida, esta ley abre tu mente a la comprensión de que vivimos en un mundo de posibilidades infinitas, alegría infinita y abundancia infinita. Piénsalo. Puedes depositar tu fe en tus creencias y ayudarte a cambiar los resultados futuros. ¿No es asombroso?

Desafortunadamente, pocas personas entienden la ley de la atracción y cómo usarla para transformar sus vidas de manera efectiva. Tus pensamientos y sentimientos trabajarán juntos para construir un futuro ideal para ti; dado que tienes el poder de decidir lo que quieres, debes solicitar una vida que siempre has soñado con vivir. Tu enfoque y energía deben estar en línea con lo que deseas atraer.

Cómo usar la ley de la atracción

Después de comprender el hecho de que eres el o la creador/a de tu propio mundo, debes comenzar a pensar conscientemente en la creación de una vida mejor para ti. En este caso, esto debería animarte a pensar positivamente, ya que tus pensamientos definen lo que quieres en la vida.

Esto requiere que canalices tu tiempo y energía pensando en las cosas buenas que deseas, también significa que debes manejar deliberadamente tus pensamientos y emociones, ya que tienen un impacto en lo que se manifiesta.

- Pregunta, cree, recibe

La ley de la atracción parece ser un proceso sencillo en el que simplemente pides lo que quieres y lo recibirás, sin embargo, el proceso de solicitud requiere más que pedir y recibir. Si fuera así de simple, entonces todo el mundo estaría viviendo una vida feliz sin estrés ni ansiedad.

Entonces, ¿qué es lo que hace que la ley de la atracción sea simple pero intimidante para aplicar?

- Pregunta

Las personas hacen peticiones al universo todos los días, ya sea consciente o inconscientemente, a través de sus pensamientos. Aquello en lo que piensas es en lo que te enfocas, aquí es donde has canalizado tu energía.

Usando la ley de la atracción, debes darte cuenta de que necesitas tomar acciones deliberadas para manejar tus pensamientos y emociones; en este sentido, debes decidir que quieres algo intencionalmente.

Esto también exige que vivas y actúes como si ya tuvieras lo que estás pidiendo.

- Cree

Para que puedas manifestar lo que deseas en tu vida, es imperativo que realmente creas que recibirás lo que deseas, tus pensamientos deben reflejar la certeza que tienes al saber que obtendrás lo que pides. Por lo tanto, tu mente debe estar libre de dudas. Esta es la parte más complicada de la ley de la atracción, la mayoría de la gente simplemente pregunta, pero les resulta difícil creer que pueden conseguir lo que quieren.

La creencia disminuye cuando los individuos se dan cuenta de que lo que pidieron está tardando más en manifestarse de lo que esperaban, entonces, dirigen su atención al pensamiento negativo, empiezan a convencerse de que es imposible y la vida no es fácil.

Tales percepciones solo afectan lo que le estás pidiendo al universo. Lo peor es que el sesgo de negatividad comienza a tomar forma y sin darse cuenta, atraen la negatividad en sus vidas porque simplemente no pudieron creer.

- Recibe

Lo último que debes hacer es recibir lo que estabas pidiendo o esperando. Quizás esta sea la parte más fácil, ya que solo requiere que te posiciones de la mejor manera a través de tus emociones para recibir tu regalo. Considera una situación ordinaria en la que recibes un regalo de tus seres queridos; ciertamente, expresas con tu lenguaje corporal que eres feliz, las emociones de amor y aprecio deben ser evidentes al recibir cualquier regalo.

Así es como el universo espera que recibas tu recompensa, debes vivir tu día sintiéndote agradecido/a y feliz por lo que ya tienes. Esta es la mejor manera en la que puedes practicar recibir lo que quieres incluso antes de que el mundo te lo dé.

Estas emociones también pueden ser moldeadas por tu forma de pensar.

En consecuencia, se recomienda que vivas conscientemente mejorando tu autoconciencia, para detenerte cada vez que se desarrollen pensamientos negativos en tu mente. Al principio, no será fácil controlar tus pensamientos y emociones, sin embargo, vale la pena señalar que todo lo bueno requiere paciencia y práctica.

Como tal, para que la ley de la atracción te funcione, debes ser paciente. Tienes que seguir practicando el hábito de creer, y lo más importante, recuerda siempre que eres capaz de crear tu felicidad.

Ansiedad y su relación con los pensamientos negativos

• • •

La ansiedad es causada por numerosos factores, a veces, es causada incluso por una combinación de factores genéticos y ambientales. El miedo dentro de ti puede fácilmente hacerte sentir preocupado/a por cosas que no han sucedido, en casos extremos, esto conduce al pánico. Tu mente puede amplificar fácilmente los miedos dentro de ti y hacerte creer que sucederá algo malo.

En entornos sociales, la ansiedad te dejará en un estado constante de preocupación por decir algo incorrecto frente a otras personas, además, puedes asumir que no agradarás a los demás. Tales pensamientos negativos solo te impiden ser tú mismo/a, te impiden vivir tu vida.

Pensamientos comunes en personas ansiosas

Hay ciertos pensamientos estresantes evidentes en personas ansiosas, a continuación se muestran algunos ejemplos de estos pensamientos. Identificarlos es útil, ya que asegura que encontrarás una manera de lidiar con tu ansiedad. Ejemplos de pensamientos comunes en personas ansiosas son los siguientes:

- "No soy bueno/a en lo que hago".

Las personas ansiosas se centrarán más en los aspectos negativos de sí mismas. En cualquier entorno, sus mentes pensarán constantemente en sus debilidades, será difícil para ellas reflexionar sobre sus fortalezas y por qué fueron elegidas para un rol particular en su lugar de trabajo. La ansiedad te hará sentir como si tu jefe te fuera a despedir en cualquier momento, por ejemplo.

- "Lo voy a olvidar".

¿Alguna vez sentiste que ibas a olvidar algo incluso antes de que ocurriera? Esta es una señal de que eres una persona ansiosa. Creer que vas a olvidar algo simplemente significa que no puedes confiar en ti mismo/a, estás planteando dudas en tu mente creyendo que no puedes acordarte de hacer algo durante el día, mañana o pronto.

- "No le agrado a nadie".

En el mundo de las redes sociales, es muy fácil para una persona ansiosa concluir que la gente no la valora porque no recibe ninguna respuesta a sus publicaciones. Este rasgo retrata a alguien que piensa demasiado, a una persona que siempre está preocupada por lo que puedan decir otras personas. Como resultado, también están demasiado preocupadas por sus publicaciones en las redes sociales y las respuestas que recibirán.

- "¿Qué pasa si soy el/la siguiente?"

Sin duda, vivimos en un mundo de incertidumbre, nunca puedes estar seguro/a del mañana y esto puede tener un impacto en tu actitud hacia lo desconocido. Hay momentos en los que puedes tener miedo de que te suceda lo peor en cualquier momento.

Con respecto a esto, debes comprender que es común experimentar tales pensamientos, sin embargo, esto no significa que debas permitir que te abrumen. Dado que tienes cierto nivel de control de tus pensamientos, debes aprender a manejarlos; vivir con la preocupación constante de tropezar en cualquier momento no es una forma de vivir.

- "Mi pareja no ha llamado, debe estar enojada conmigo".

La ansiedad también puede afectar tus relaciones de muchas maneras. Considera un ejemplo común en el que tu pareja no te llama durante el día: hay muchas razones por las que esto pudo haber sucedido, tal vez estaban ocupados o su teléfono no tenía batería. Sin embargo, tu naturaleza preocupante te dará la suposición de que tu pareja está molesta contigo por alguna razón. Tener esta percepción solo arruinará la hermosa relación que compartes con tu pareja.

- "¿Dejé la puerta abierta?"

La mayoría de las personas se preocupan demasiado por las cosas simples que podrían haber olvidado hacer, por ejemplo, puedes preguntarte acerca de tu puerta, electrodomésticos o interruptores de luz. Encontrarás tu mente divagando, pensando si los electrodomésticos estaban apagados o no. Hacer esto repetidamente solo provocará ansiedad.

4

Cómo afrontar la depresión

La depresión es un problema mental grave que a menudo se desarrolla a partir de la ansiedad y el miedo, provoca sentimientos de desesperanza y desesperación que a menudo interfieren con la capacidad para realizar las tareas diarias. Algunas personas enfrentan una única interacción con la depresión en un momento determinado de la vida, mientras que otras experimentan la depresión como un problema continuo de por vida.

Algunos síntomas que pueden sugerir ante la depresión incluyen aislamiento social, cambios de humor intensos, falta de sueño, fatiga y pensamientos suicidas. La depresión psicótica también es un problema importante que puede causar alucinaciones y delirios.

. . .

Estos síntomas generalmente reflejan y magnifican sentimientos de desesperación y emociones negativas, más que ser causados por un trastorno cerebral significativo.

Cuando sufres de depresión durante periodos prolongados, es posible que tengas *distimia*, que es una forma de depresión crónica que causa sentimientos de infelicidad, pero generalmente no afecta la capacidad de una persona para funcionar normalmente. También existe *el trastorno afectivo estacional*, que afecta a un individuo en la misma época cada año, normalmente cuando cambian las estaciones. Un *trastorno depresivo mayor* es un nivel estándar de depresión que normalmente no ocurre en un momento determinado de la vida, pero que causa un solo incidente de depresión o una serie de episodios depresivos.

La depresión es muy complicada y, por lo general, no es solo un evento lo que hace que alguien desarrolle depresión. Es una causa de factores biológicos, ambientales y emocionales que pueden ocurrir después de un evento significativo con la misma probabilidad de que ocurran aparentemente al azar. El hecho de que no haya una razón "aparente" para desarrollar depresión no significa que no puedas desarrollarla en algún momento de tu vida.

El tratamiento estándar para la depresión incluye tomar medicamentos antidepresivos; algunas personas también toman otros medicamentos, como los medicamentos antipsicóticos, para combatir la depresión. Afortunadamente, si te resistes a buscar medicamentos para generar una respuesta natural de tu cuerpo ante un estímulo ambiental, biológico y emocional, existen otras alternativas para ti: puedes hacer cosas como cambiar tu dieta, hacer más ejercicio, meditar, crear relaciones significativas y desafiar tus propios pensamientos.

Aquí hay tres lecciones útiles que debes incluir en tu vida cada vez que sientas un comienzo de depresión para que puedas controlar tus emociones y disfrutar de la vida.

Lección 1: Explora tu entorno

No es fácil sentirse con ganas de hacer algo cuando estás deprimido/a, pero a veces, un cambio de entorno es todo lo que necesitas experimentar para sentirte mejor emocionalmente. El ejercicio es una de las formas en que puedes comenzar a lidiar con tu depresión, y esto no tiene por qué implicar ir a un gimnasio todos los días si eso no es lo tuyo; simplemente puedes ir a caminar al parque, dar un paseo en bicicleta o trotar por tu vecindario.

Los estudios han demostrado que el ejercicio es tan poderoso como los medicamentos cuando se trata de lidiar con la depresión, también te ayudará a dormir mejor durante la noche y aumentará tus niveles de energía por completo. La cantidad de ejercicio diaria recomendada para la mayoría de las personas es de 30 minutos al día, eso no significa que tengas que comenzar a hacer un ejercicio riguroso de inmediato, empieza poco a poco y ve progresando.

Asiste a clases en las que muevas tu cuerpo si te gusta hacer yoga o incluso artes marciales, ve a nadar, juega al tenis o simplemente participa en una actividad que te haga sentir feliz, esa es la clave para seguir con el ejercicio a largo plazo.

Tampoco tienes que hacer ejercicio durante treinta minutos seguidos. Cuando te sientas deprimido/a, sal a caminar de cinco a 10 minutos, esto debería ayudarte a sentirte mejor durante al menos un par de horas. Si tus emociones o pensamientos negativos regresan, todo lo que tienes que hacer es dar otro paseo y darte cuenta de lo mejor que te sientes.

Pon tu música favorita, haz ejercicio con un amigo o disfruta de la compañía de tu animal favorito, y lo que podría ser difícil de hacer al principio se convertirá en una actividad divertida para todos.

Lección 2: Cuestiona tu pensamiento

. . .

Todo lo que atraviesa tu mente mientras estás deprimido/a puede parecer naturalmente negativo, podrías preguntar *"¿por qué a mí?"* o *"¿por qué siempre me ponen en estas situaciones horribles?*" Aunque estos pueden ocurrir naturalmente, debes considerar tu vida y las situaciones en las que te encuentras para descubrir si puedes ser optimista o neutral ante las cosas que suceden a tu alrededor.

Por cada pensamiento negativo que te venga a la cabeza, intenta encontrar una razón para ver la situación desde un punto de vista positivo, empieza por pensar fuera de ti mismo/a, si los eventos que te hicieron pensar negativamente le sucedieran a otra persona, ¿seguirías manteniendo el mismo punto de vista? Tal vez lo hagas, pero también es posible que puedas encontrar un rayo de luz en los eventos que te suceden cuando los miras desde la perspectiva de un extraño.

Si tú eres la causa de tu emoción negativa, entonces tal vez te estés apegando a un estándar demasiado alto. Muchas personas deprimidas se consideran perfeccionistas y no les gusta decepcionarse a sí mismas o a otros. Cuando tu vida no esté exactamente donde quieres que esté, en lugar de hundirte más profundamente en la depresión, sé menos duro/a contigo mismo/a y considera todos los maravillosos atributos que tienes.

. . .

No olvides socializar con las personas adecuadas, pregúntales cómo se sentirían en tu situación, considera lo que dicen y solicita comentarios sobre lo que harían en esa situación también. Quizás puedan darte la perspectiva que necesitas para superar tus emociones deprimidas.

Trata de ser lo más optimista posible cuando hables con personas que son tu apoyo emocional, elige bien a las personas con las que discutes tus problemas y toma en serio sus sugerencias. Es posible que ofrezcan una solución pasada por alto que te ayude a salir de tu rutina.

Lección 3: Haz las cosas que te encantan

Cuando ignoras tus verdaderos sentimientos y pierdes el hilo de lo que te hace feliz, es fácil caer en la depresión. Empieza a llenar tu tiempo con personas y actividades que te brinden placer, además, asegúrate de cuidar bien tu cuerpo observando lo que comes, durmiendo lo suficiente y disfrutando de la luz del sol un poco todos los días.

Una cosa que ayuda a muchas personas con depresión es tener una mascota. No puedes reemplazar una conexión humana con otra cosa, pero tener compañía puede ayudarte a sentirte más conectado/a con los demás, también te permite pasar más tiempo al aire libre y aumenta la cantidad de alegría que tienes por la vida.

Con suerte, estos sencillos consejos te ayudarán a sobrellevar la depresión. Son fáciles de incluir en tu rutina diaria por una razón, y puedes usar estas técnicas siempre que estés motivado/a para hacerlo. Simplemente ponerte en contacto con tus pasiones viendo una película divertida, leyendo un buen libro o tomando un agradable baño relajante suele ser suficiente para mejorar tu estado de ánimo y poder volver a tu vida normal.

Lección 4: Superar la ira

La ira es otra emoción que las personas sienten naturalmente en reacción al entorno y las situaciones que las rodean, provoca cambios fisiológicos y biológicos en el cuerpo al desencadenar una respuesta de lucha o huida, muy similar a la ansiedad, pero en lugar de causar miedo o preocupación, resulta en irritación, rabia y furia.

Los eventos internos y externos pueden causar enojo, por lo que es importante identificar la causa de cualquier enojo que experimentes. La principal forma en que un individuo reacciona a la ira es a través de la agresión, esto es natural porque la situación puede requerir una respuesta repentina para proteger a su persona o a sus seres queridos.

. . .

La forma saludable de lidiar con la ira es ser asertivo/a en lugar de agresivo/a para que puedas arreglar la situación en la que te encuentras sin lastimarte a ti mismo/a ni a los demás. Ser asertivo/a te permite resolver tus problemas a la vez que tomas un aire respetuoso sin tener que atacar o exigir algo a otra persona.

Eso no significa que debas tratar de aferrarte o reprimir tu enojo, sino que debes encontrar una nueva forma de abordar tus problemas constructivos.

Cuando reprimes tu enojo, es más probable que te enojes contigo mismo/a, lo que provoca muchos problemas biológicos y fisiológicos en tu cuerpo; esto también puede hacer que actúes de una manera no constructiva, pasivo-agresiva, cínica u hostil.

Las personas que no aprenden a controlar su ira de manera positiva terminan destruyendo sus relaciones y destruyéndose a sí mismas. Por eso es importante calmarte, observar tus respuestas internas, abordar el problema de manera adecuada y dejar que los sentimientos disminuyan. Manejar tu enojo puede ser difícil, pero no imposible. Participar en el manejo de la ira te permite reducir la respuesta física y emocional que atraviesa tu cuerpo a tiempo.

Es importante entender que no siempre puedes cambiar a las personas que te rodean o evitar las cosas que te molestan, pero puedes controlar tus propias acciones cuando surge algo. A diferencia de muchas enfermedades mentales, no es necesario que otras personas te digan cuando tienes un problema de ira, probablemente ya te hayas dado cuenta tú mismo/a, ese es el primer paso para controlarlo positivamente.

Todas las personas tienen diferentes temperamentos y se enojan por diferentes cosas y muestran su enojo de manera diferente, algunas personas se exaltan naturalmente cuando ocurre un evento negativo, mientras que otras pueden mostrar su enojo siendo gruñones o irritables. Si te retraes socialmente o te enfermas físicamente cuando estás molesto/a, esto puede ser tan perjudicial como arremeter contra los demás o hacer evidente su enojo. Las siguientes lecciones también te ayudarán a controlar tu enojo.

Lección 5: Trata de relajarte

Esto es especialmente importante si tienes una relación con otra persona que también tiene mal genio. Cultivar la relajación en situaciones estresantes requiere tiempo para desarrollarse, pero con suficiente práctica, podrás hacerlo.

Encuentra algo que te ayude a relajarte y volver a hacerlo cada vez que notes que te estás molestando, algunas cosas simples que puedes probar incluyen respirar profundamente y dejar que tu cuerpo se relaje antes de decidir la respuesta adecuada, pensar con calma recordándote a ti mismo/a que debes relajarte, o incluso contar hasta diez, es el mejor concepto básico para sentirte mejor. Puedes repetir este proceso tantas veces como sea necesario en el momento para calmarte.

Haz movimientos tranquilos, aprender yoga o meditación puede ayudarte a calmar tu estado de ánimo y a tomar buenas decisiones cuando te sientas molesto/a.

Lección 6: Aprende a comunicarte

Las disputas normalmente surgen cuando una de las partes no comprende o malinterpreta lo que se sugiere a otra persona. Asegúrate de obtener una imagen completa de algo antes de llegar a una conclusión y actuar, reduce la velocidad, piensa en lo que dicen las otras personas que han creado el conflicto y descubre una manera de resolver el problema sin enfurecerte. Tómate tu tiempo antes de responder a alguien que te ha molestado y actúa impulsivamente.

5

Fuerza mental: alta tolerancia a la frustración

¿Cambiaríamos quiénes somos, qué sentimos y también cómo nos comportamos? ¿Puede un leopardo cambiar sus manchas? Recientemente hablé con alguien que me preguntó si un psicólogo simplemente está pintando sobre las manchas del leopardo, y debajo, todos seguimos igual. De acuerdo, no veo muchos leopardos en mi consultorio, pero veo que la gente sigue cambiando.

Una mentalidad modificada positivamente es importante para la fuerza cognitiva y la resiliencia.

La diferencia fundamental entre un leopardo, un perro, un árbol y un ser humano es que otros seres vivos ya han descubierto su curso y propósito.

Un leopardo se convertirá en leopardo, un árbol hará lo

que hace un árbol; digamos que se incluye el manual de instrucciones.

Es nuestro deber para con nosotros mismos saber quiénes y qué somos en cada momento, ser conscientes de nosotros mismos y autodeterminarnos.

Somos arrojados al mundo sin guión ni dirección escénica como actores en un escenario, no tenemos un manual de instrucciones, por eso nuestra responsabilidad es quiénes somos y en qué nos convertimos. Por supuesto, algunos factores afectan quiénes somos hoy, como lo mencioné anteriormente, pero el punto importante que estoy tratando de hacer al respecto es que estos factores no pueden usarse en exceso como excusas para nuestro futuro.

- Familia y cultura:

Se podría decir que lo que somos es producto de nuestra educación y comunidad. Es posible que hayamos aceptado mensajes e información de otras personas y del mundo sobre nosotros mismos, por ejemplo, debido a que somos "vagos", "inútiles", "no servimos para nada" o "no se espera que tengamos éxito", es posible que hayamos aceptado ideas sobre otros que son falsas o tontas, mezquinas y controladoras.

. . .

Podemos pensar que el mundo es típicamente peligroso, despreocupado o antipático. El hecho es que estas ideas podrían haberse mantenido vivas y seguir siendo aceptadas sin crítica y sin reevaluarse. Si lo hicimos, entonces esta es nuestra decisión y debemos reevaluarla.

- ADN y genética:

En términos de nuestro ADN y genética, contamos con una pequeña selección, el 50% de nuestros padres y el 25% de cada abuelo son nuestra herencia. Es posible que estemos más abiertos a algunos deportes y actividades, aunque solo las haremos si tenemos la matrícula y el asesoramiento adecuados. También podemos heredar predisposiciones a enfermedades físicas y mentales.

Nuestros genes pueden tener un impacto, pero no somos perros ni caballos de carreras en los espectáculos de pedigrí; somos personas conscientes de sí mismas con libre pensamiento, determinamos cuál es nuestro futuro en cada momento.

Aun así, te empujan a través de la atmósfera. A veces, se da a entender que ya somos un reflejo de nuestra sociedad y que mejorarás al individuo cuando cambies el entorno, creo que estarás de acuerdo en que la vida no es tan fácil pero igual es posible mejorar el panorama.

. . .

También es importante considerar que nos guían los impulsos internos, ¿estamos solo a merced de nuestros impulsos internos? No siempre somos personas racionales y conscientes en nuestros pensamientos y acciones, tenemos impulsos y deseos subconscientes de disfrute, calor, comodidad, contacto físico y control de género.

El nuevo campo de la psicología evolutiva, que explora nuestras acciones a partir de las ventajas de nuestros antepasados, sostiene que muchos de nuestros impulsos inconscientes apuntan a obtener un beneficio evolutivo y transmitir nuestros genes. Por lo tanto, también nos impulsa la evolución. También estamos motivados por nuestra necesidad de influir y nuestros intentos de ser superiores. Para un campo, podemos compensar nuestras deficiencias dominando otro y siendo guiados por objetivos subconscientes, por ejemplo, si no somos aptos para los deportes, podemos destacar en la música.

También podemos esforzarnos por encontrar un significado en las metas de la vida consciente y en cosas como el trabajo y la familia, todavía tenemos el control y la responsabilidad de nuestras vidas al comprender estos impulsos e instintos. Después de todo lo anterior, ¿deberíamos cambiar nuestro libre albedrío? Creo que conoces mi respuesta. Cuando aceptamos que somos el resultado de nuestra creación, cultura, genética, ambiente, psicología y evolución, solo somos víctimas de influencias externas y condiciones internas.

Como personas, tenemos derecho a permanecer firmes y cambiar más allá de nuestro clima y circunstancias en todo momento. Un leopardo no puede cambiar sus manchas porque es un leopardo, pero puedes pellizcar tus problemas y convertirlos en metas. Considera la idea de que el pasado es de suma importancia; todos tenemos una historia, pero no debemos vivir en el pasado.

6

Disfruta de tu empatía

INDEPENDIENTEMENTE DE NUESTRAS habilidades empáticas o la falta de ellas, todos aspiramos a llenar nuestras vidas con la mayor alegría posible. El empático debería encontrar que su nivel general de felicidad aumente; a medida que le sea más fácil reconocer y administrar los diferentes tipos de energías que le rodean, también será más fácil ser selectivo y tomar decisiones consistentemente positivas.

Aun así, incluso para aquellos que han dominado estas habilidades y eligen enfocar toda su energía en la positividad, la alegría constante y eterna es un objetivo poco realista por el que luchar.

Todos tenemos nuestros puntos ciegos, vulnerabilidades y debilidades; tarde o temprano, el empático empoderado encontrará una fuente de negatividad que no puede (o simplemente no desea) ignorar, compartimentar o remediar. Es en esos momentos donde la alegría no es accesible, que el empático debe aprender a encontrar un camino hacia la paz interior.

Imagina, por ejemplo, que ha fallecido alguien a quien amas y respetas profundamente. Sería ridículo para cualquiera, incluso un empático empoderado, esperar encontrar su camino hacia la verdadera alegría durante los servicios funerarios, o en cualquier momento durante el periodo de duelo. Cualesquiera que sean tus opiniones sobre la muerte y la posibilidad de una vida después de la muerte, una pérdida de esta magnitud siempre es dolorosa.

Si el empático desea asistir a un velorio o funeral, seguramente tendrá que prepararse para la experiencia, utilizando cualquier estrategia que necesiten para evitar asumir el dolor de otros dolientes en la sala. Sin embargo, el empático que se centra exclusivamente en buscar la alegría puede correr el riesgo de ignorar sus genuinos sentimientos de dolor, alejándose así de las emociones y sentimientos que no pertenecen a nadie más.

Esta es una práctica peligrosa a la que cualquier empático debe acostumbrarse, ya que puede resultar seductoramente agradable al principio, pero al igual que el alcohólico que evita el dolor de una resaca consumiendo constantemente alcohol, el empático tendrá que descubrir que nunca podrá dejar atrás sus propias emociones. Incluso si su objetivo es excluirlas de la misma manera que excluyen los sentimientos de las personas negativas, las emociones casi siempre encuentran su camino de regreso a los empáticos.

El equilibrio, en última instancia, es un objetivo superior. Un empático con un fuerte sentido de equilibrio interior puede asistir a un funeral, compadecerse de los demás, honrar su tristeza y procesar los sentimientos de dolor sin ser consumido por ellos. Su equilibrio les permite reconocer que la tristeza no es una fuerza contraria a la felicidad, sino que es una parte funcional de la alegría; que sin la miseria, nunca sentiríamos dicha o tal vez nada en absoluto. Con el tiempo, el empático aprenderá que este estado de equilibrio es de hecho su estado de ser más elevado y el lugar donde encontrarán su verdadero yo.

Aprende a lidiar con la incomodidad

Aquí tienes una idea revolucionaria que puede llevar a tu práctica de yoga, taichí o atención plena al siguiente nivel: la incomodidad es solo una emoción, no es real, no es una amenaza, pero es un motivador. Abrazar la incomodidad no es lo mismo que adormecerse: cuando aceptas la disonancia cognitiva o las injusticias morales, te adormeces ante la incomodidad, abrazas la apatía y fomentas la distorsión de la verdad. Sin embargo, cuando te permites experimentar malestar sin reaccionar de inmediato, puedes aprender a tomar decisiones empoderadas, superar los miedos y las ansiedades y alcanzar el crecimiento emocional.

Para los empáticos, la incomodidad es a menudo una sensación de incertidumbre o anticipación de un conflicto. Si puedes aprender a reconocer el sentimiento sin dejar que desencadene tu respuesta de lucha o huida, puedes concentrarte en tomar acciones productivas, convirtiéndote en el verdadero maestro o maestra de tu universo. Esta es una posición iluminada que muy pocos humanos adoptan.

Si puedes comenzar a usar tu incomodidad como una herramienta, en lugar de evitarla a toda costa, es posible que te encuentres en condiciones de superar los desafíos que dejan a los demás destruidos.

Una vez que hayas dominado esta técnica, haz todo lo posible por comunicarla a otro empático.

Vive una vida cómoda

Una cosa que puede desequilibrar a cualquier empático y bloquear el camino hacia la paz interior es la falta de autenticidad en su estilo de vida. Los empáticos pueden llevar mentiras o deshonestidad durante largos periodos, perseguidos por ellos, incluso permitiendo que el recuerdo les atormente. Siendo este el caso, los empáticos deben evitar mentir siempre que sea posible, incluso las mentiras piadosas pueden causar interrupciones en su estabilidad emocional.

Puedes trabajar hacia este objetivo mediante la suma y la eliminación, asegurándote de agregar una visión positiva a tu vida alineando tu carrera, relaciones personales, hábitos alimenticios y pasatiempos con tu sistema de valores. Por ejemplo, si te has dado cuenta de que el medioambiente es muy importante para ti, entonces planear entrar a una asociación que lucha por el ambiente sería un primer paso fantástico.

También puedes acercarte para fomentar nuevas amistades con personas apasionadas por las mismas causas, puedes modificar tu dieta para favorecer los productos orgánicos de origen local y hacer un mayor esfuerzo para comprar a empresas conscientes del medio ambiente.

Para la eliminación, querrás comenzar a purgar cualquier cosa de tu vida que te coloque en una posición de conflicto moral. Si tu trabajo o círculo social no es consciente del medio ambiente, estarás bajo presión constante para tragar tu verdad y proyectarás deshonestidad, lo que finalmente te dejará sintiéndote insatisfecho/a y sin conexión a tierra. Cualquier relación en la que sientas la necesidad de mentir para mantener felices a otros es una mala relación para ti, y debes sentirte libre de dejarla ir.

También querrás dejar de usar tu dinero para apoyar marcas cuyos valores contradicen los tuyos y renunciar a los hábitos que dañan las cosas que más te importan. Por ejemplo, si amas la poesía, las canciones y otras formas de expresión vocal, tal vez sea hora de dejar de fumar cigarrillos de una vez por todas.

Es posible que te sorprendas gratamente al notar que tu cuerpo físico y tu energía metafísica cambian de una manera tangible una vez que liberas la disonancia cognitiva que una vez tuviste dentro de ti mismo/a, te sentirás más ligero/a, más alto/a, más dinámico/a y más capaz.

Incluiré un recordatorio aquí para tener cuidado con el uso de las redes sociales. A veces, estas aplicaciones pueden hacer mucho bien para unir a las personas e inyectar un impulso dinámico en los movimientos progresivos, pero la mayoría de las veces, son pozos negros de energía no auténtica. Trata de usar estas plataformas con moderación, si es que las usas, y de publicar de manera honesta y responsable.

Elegir la humildad y respetar lo desconocido

. . .

No importa cuán empoderado pueda llegar a ser uno, e independientemente de lo bien que hayas perfeccionado tu poder empático, es importante abrazar la humildad y mantener la mente abierta a posibilidades inesperadas.

El empático moralista que desarrolla una visión hermética del mundo, que no está dispuesto a albergar ideas que no resuenan fuertemente con su conocimiento interior, probablemente se sentirá profundamente insatisfecho o ansioso y tendrá dificultades para comunicarse y tener relaciones amorosas, porque los demás le percibirán arrogante y distante.

También es probable que este tipo de actitud debilite su capacidad de empatía porque la verdad es multifacética y siempre cambia. Para captar incluso una pizca de ella, el empático debe mantener una conexión equilibrada entre su mundo interior y exterior. Dejar fuera o favorecer a uno sobre el otro, eventualmente llevará al empático a recibir mensajes engañosos, o lo llevará a malinterpretar mensajes que de otra manera serían claros y fáciles de descifrar.

Los empáticos están al tanto de conocimientos que a menudo no se ven, ni se escuchan ni se reconocen. Aun así, de vez en cuando, pueden estar completamente equivocados, especialmente si la información que reciben del mundo exterior es limitada, ya que puede estar sesgada para respaldar una hipótesis incompleta.

Existe una antigua parábola india, de posible origen budista, que se ha popularizado en discusiones de filosofía y religión, se ha extendido a culturas de todo el mundo y se ha vuelto a contar en varias versiones diferentes.

Habla sobre un grupo de ciegos que se encuentran con un elefante en la jungla (quizás esta parábola se deba actualizar para incluir un número igual de mujeres ciegas.

Por favor, ten en cuenta que los hombres no son el único género susceptible a las trampas contra las que nos advierte este proverbio); cada uno de los hombres ciegos deben usar solo sus manos para tratar de comprender el tamaño, la forma y la naturaleza general del elefante, sin embargo, las manos de un hombre solo encuentran los colmillos del elefante, mientras que otro solo encuentra la piel áspera de una pata trasera, y otro más solo puede sentir las orejas anchas y delgadas del animal.

Cuando comparan sus experiencias, cada uno está convencido de que los demás están equivocados o locos. En algunas versiones de la historia, esta incapacidad para ponerse de acuerdo sobre sus percepciones sensoriales lleva a los hombres a recurrir a la violencia. En última instancia, el punto de la historia (que solo la audiencia puede ver) es que cada uno de los ciegos tiene razón, describiendo su experiencia con precisión y honestidad; el único problema es que no reconocen las perspectivas de los demás como igualmente válidas.

Esta es la naturaleza humana, aunque la parábola tiene como objetivo inspirarnos a evolucionar más allá de ella. La verdad nunca puede comprenderse completamente desde un punto de vista fijo, es demasiado vasta para que una sola persona pueda sostenerla. Aun así, el empático ilustrado tendrá más éxito que la mayoría en reunir perspectivas contrastantes y encontrar una manera de incorporarlas a todas en una sola filosofía o creencia, desenredando nudos de disonancia cognitiva y estableciendo conexiones entre conceptos aparentemente dispares.

Esto es si, y solo si, están dispuestos a permanecer humildes y abiertos a experiencias incómodas. Esta búsqueda debe manejarse con cuidado, hay una diferencia entre una leve incomodidad y una energía decididamente negativa, y el empático debe mantenerse protegido contra este último. No te obligues a soportar una experiencia que te agote en lugar de animarte, pero tampoco te dejes caer en el hábito de evitar las oportunidades desafiantes e impredecibles que te ofrece la vida.

· · ·

A modo de ejemplo, muchos empáticos aprenden temprano en su viaje hacia el auto-empoderamiento que grandes multitudes pueden nublar o drenar rápidamente sus campos de energía.

Es posible que hayan tenido una experiencia particularmente difícil o dolorosa en una fiesta, concierto, funeral, boda o mitin, y rápidamente deciden que sería mejor evitar grandes reuniones a partir de ese momento; sin embargo, esto podría ser un error, ya que unirse a grupos grandes que están unidos en una intención honesta (un servicio basado en la fe o una actuación que es eficaz para dirigir el camino emocional de cada miembro de la audiencia, por ejemplo) puede ser una de las más positivas y energizantes experiencias disponibles para el empático.

Aunque puede ser tentador permanecer encerrado en cualquier espacio emocional que le haga sentir más seguro, el empático debe esforzarse por expandir continuamente su perspectiva probando cosas nuevas, conociendo gente nueva y buscando desafíos en aras del crecimiento. Lo más importante que debe saber cualquier empático es cuánto le queda por aprender del universo.

7

Realinear tus niveles de confianza con tus habilidades

A VECES, nuestros niveles de confianza se desvían de nuestras habilidades, conocimientos y disposición para adaptarnos a las condiciones cambiantes. Cuando esto sucede, debe evaluarnos a nosotros mismos y realinear nuestros niveles de confianza con la realidad: si tenemos demasiada confianza, podríamos estar inclinados a correr riesgos excesivos, descartar las opiniones de los demás e ignorar nuestras debilidades; cuando enfrentamos contratiempos y desafíos con este estado de ánimo, corremos el riesgo de no estar preparados, independientemente de nuestro coraje.

Por otro lado, cuando tenemos poca confianza podemos evitar correr riesgos, permitir que las opiniones de los demás nos controlen y percibir nuestras debilidades como un presagio de una derrota segura. Con este estado de ánimo, dudaremos en responder por completo a los reveses y desafíos.

Es difícil ser mentalmente fuerte cuando nuestros niveles de confianza no son realistas, tanto la arrogancia como la duda injustificada de uno mismo son enemigos de la capacidad de recuperación cognitiva y la determinación.

La arrogancia puede sostenernos a corto plazo, pero nos desviará del rumbo a largo plazo, y la duda injustificada de nosotros mismos puede impedirnos responder a la adversidad por completo, temerosos de una derrota segura.

Dados los peligros potenciales de albergar niveles de confianza poco realistas, es importante realizar una autoevaluación periódica. Pregúntate:

- *"¿Son razonables mis niveles de confianza dadas mis circunstancias?"*
- *"¿Cómo respondo a las críticas?"*
- *"¿Me inclino inmediatamente a dar marcha atrás cuando me desafían?"*
- *"¿El compartir mis pensamientos con los demás me hace sentir ansioso/a o reacio/a?"*
- *"Cuando encuentro contratiempos, ¿instintivamente me siento temeroso/a y nervioso/a? ¿O me siento seguro/a de mí mismo/a? ¿Por qué?"*

Esta autoevaluación te ayudará a identificar si tus niveles

de confianza deben reajustarse rápidamente, también puede revelar áreas de tu vida que necesitan atención, por ejemplo, si reaccionas a las críticas de los demás de una manera sana y sensata.

Cinco pilares básicos de la confianza en ti mismo/a

Mejorar la confianza en nuestra persona merece lo suyo, pero hay varios elementos en los que podemos enfocarnos hoy que aumentarán nuestros niveles de confianza con un mínimo esfuerzo. La mayoría de ellos involucran nuestra forma de pensar, si los aceptamos e incorporamos a nuestro día a día, tendrán un impacto positivo considerable en nuestra confianza.

1.- Voluntad de salir de tu zona de confort

Al salir de nuestra zona de confort, nos exponemos a situaciones desconocidas.

Hacerlo revela que tales situaciones rara vez justifican el miedo, al contrario, ofrecen oportunidades para crecer, tanto personal como profesionalmente. Nos dan la oportunidad de renunciar a la necesidad de controlar nuestras circunstancias y aprender a adaptarnos a otras nuevas.

. . .

2.- Apertura a experimentar malestar emocional

La confianza en uno mismo requiere una conciencia de nuestras emociones, pero también requiere que desarrollemos tolerancia hacia ellas. La única forma de hacerlo es exponernos al malestar que acompaña a las emociones negativas. Muchos de nosotros tendemos a reprimir el dolor emocional, pero debemos permanecer abiertos a experimentarlo, ya que hacerlo nos ayuda a desarrollar resistencia y esta resistencia nos permitirá estar en sintonía con las emociones negativas sin paralizarnos ante ellas.

3.- Hábito de autoevaluación

Es muy valioso realizar autoevaluaciones con regularidad. Anteriormente, hablamos de hacerlas para realinear nuestros niveles de confianza con la realidad, aquí, estamos ampliando el alcance.

Es importante sentarte periódicamente y reflexionar sobre cómo has crecido, considera las nuevas habilidades que has aprendido, piensa en situaciones particulares en las que te encontraste y cómo las manejaste. Haz un balance de las personas que has conocido recientemente, las conversaciones recientes que has tenido con extraños y las tareas que realizaste que alguna vez te resultaron desconocidas. Estamos creciendo constantemente de una forma u otra, este es especialmente el caso cuando dejamos nuestra zona de confort (ver uno arriba); el problema es que a menudo no reconocemos este crecimiento, ya que ocurre de manera gradual.

4.- Abraza la positividad

Mantener una actitud positiva implica suprimir el diálogo interno negativo, implica resaltar nuestras fortalezas y celebrar nuestros éxitos mientras percibimos nuestras debilidades y errores como oportunidades para aprender y crecer. Lamentablemente, muchos de nosotros aprendemos a ser pesimistas sobre nosotros mismos, gracias a los contratiempos y decepciones que experimentamos a lo largo de nuestra vida; esta actitud no solo obstaculiza nuestra confianza, sino que también nos impide crecer.

La buena noticia es que podemos reacondicionar nuestras mentes al optimismo y abrazar al pensamiento positivo, al hacerlo, podemos entrenarnos para reconocer nuestra capacidad para superar la adversidad de manera instintiva.

5.- Abandona tu deseo de validación externa

Buscar la aprobación de los demás daña tu confianza en ti mismo/a ya que entrena a tu mente para que desconfíe de tus motivaciones y habilidades, y en cambio, te enseña a abstenerte de actuar hasta que recibas el permiso de otra persona para hacerlo. Con el tiempo, te vuelves temeroso/a y comienzas a albergar dudas sobre tu capacidad para desempeñarte. Reconoce que posees un valor único, tu conocimiento, habilidades, talentos y adaptabilidad eliminan la necesidad de validación externa.

Siempre que tus niveles de confianza estén alineados con la realidad, puedes estar seguro/a de ti mismo/a y ser asertivo/a cuando te enfrentes a la incertidumbre. La confianza en uno mismo es una de las piedras angulares de la fortaleza mental, es difícil desarrollar este último sin poseer antes el primero.

Afortunadamente, cambiar la forma en que te ves a ti mismo/a es relativamente simple porque se basa en reconocer tu valor existente, el ajuste de tu autopercepción está impregnado de actualidad en lugar de los fantasmas desagradables que resultan de la condena de tu crítico interno.

EJERCICIO: Crea una lista corta de cosas que regularmente dañan tu confianza, esto puede incluir un diálogo interno negativo, un espacio de trabajo desordenado, una apariencia física descuidada o la ausencia de límites personales. Todos somos diferentes y, por lo tanto, tu lista será única para ti.

A continuación, escribe las acciones que puedes tomar para reducir el efecto de cada elemento en tu confianza en ti mismo/a. Sé específico/a, por ejemplo, si tienes problemas con el diálogo interno negativo, puedes comprometerte a confrontar a tu crítico interno cada vez que hable. Si dice "*vas a fallar*", podrías responder con "*estás equivocado/a, y este es el motivo*".

Finalmente, aborda un tema a la vez.

Realiza las acciones que enumeraste para disminuir el impacto de cada elemento en tus niveles de confianza. La repetición y la coherencia son tus aliados en este ejercicio.

El tiempo requerido: 20 minutos.

Cómo tu actitud afecta tu fuerza mental

Nuestra actitud influye mucho en nuestro comportamiento, establece el tono de cómo abordamos situaciones difíciles y respondemos a ellas; en gran medida dicta nuestra capacidad de recuperación psicológica cuando nos enfrentamos a la adversidad y determina las acciones que tomamos para superarla o rendirnos a ella.

. . .

Si tenemos una actitud positiva, es probable que evaluemos las situaciones con optimismo y confianza, si tenemos una actitud negativa, es probable que los evaluemos con cinismo y miedo. Nuestras respuestas conductuales a los reveses, desafíos y obstáculos surgirán de estos sentimientos.

Superar tus circunstancias en vez de esperar a que cambien

Cuando alguien nos dice que "seamos positivos", inmediatamente pensamos en el pensador positivo estereotipado que pasa por la vida esperando que todo salga bien. Este individuo parece ajeno a sus circunstancias, ignora las dificultades de la vida, confiado en que simplemente desaparecerán por su propia cuenta, no experimenta angustia emocional porque espera que las desgracias de la vida las solucionen. En resumen, el pensador positivo estereotipado supone que sus circunstancias cambiarán para adaptarse a él.

Si la vida fuera un viaje, se vería a sí mismo como un mero pasajero con poca o ninguna influencia en los eventos que suceden a su alrededor, pero esta imagen es errónea. Mantener una actitud positiva no se trata de albergar un optimismo infundado, ni de tener fe en que las cosas simplemente se resolverán por sí solas. Se trata de reconocer que podemos influir positivamente en nuestras circunstancias, prevaleciendo sobre la desgracia y las dificultades bajo nuestros talentos, habilidades y capacidad de adaptación.

. . .

Esta actitud positiva, cuya importancia proviene de la confianza en uno mismo, es un socio indispensable para nuestra fortaleza mental.

Dicta cómo nos sentimos cuando nos encontramos con complicaciones, gobierna cómo respondemos; esta mentalidad nos impulsa a afirmarnos a nosotros mismos, tomando medidas con un propósito en lugar de permanecer pasivos y esperar lo mejor.

- La importancia del compromiso

Cuando nos comprometemos con algo, le asignamos un valor. El resultado que buscamos se vuelve, en nuestra opinión, digno del tiempo y el esfuerzo necesarios para lograrlo; nuestras acciones y decisiones se centran en hacerlo realidad. Nuestro compromiso no solo nos anima a esforzarnos para lograr el resultado deseado, sino que también nos impulsa a persistir cuando las cosas no salen como queremos.

Por ejemplo, supón que inicias un negocio secundario, te comprometes a que sea un éxito y este compromiso te anima a dedicarle tiempo durante las tardes y los fines de semana. Pero hace más que eso. Si alguna vez has dirigido un negocio, incluso uno pequeño desde un rincón de tu habitación, sabrás que muchas cosas pueden salir mal y a veces, lo hacen de repente y sin previo aviso.

Sin compromiso, es posible que sientas la tentación de levantar las manos al aire y decir "*¡me rindo!*"; en cambio, tu promesa de hacer que tu negocio sea un éxito te impulsa a arremangarte y trabajar para superar cualquier obstáculo que hayas encontrado.

Comprometerse con una tarea, proyecto o resultado específico nos da la capacidad de recuperación para mantenernos positivos y decididos cuando enfrentamos obstáculos. Nuestro compromiso nos ayuda a resistir cuando darnos por vencidos sería más fácil, nos permite persistir, trabajando hacia nuestros objetivos en lugar de entregarlos por una gratificación a corto plazo.

- La voluntad de perseguir el crecimiento continuo

Como se señaló anteriormente, una actitud positiva nos da la confianza de que podemos superar la adversidad. Este estado de ánimo se refuerza cada vez que aprendemos nuevas habilidades (o mejoramos las existentes), absorbemos nueva información o encontramos nuevas situaciones. Nuestra competencia y excelencia aumentan y, con ello, nuestra seguridad en nosotros mismos, por ello, debemos perseguir el crecimiento en todo lo relacionado con nuestros compromisos.

Es beneficioso perseguir el crecimiento en asuntos que van más allá de nuestros compromisos, hacerlo nos expone a situaciones desconocidas, que nos permiten ampliar nuestro conjunto de habilidades y base de conocimientos. Las personas mentalmente duras tienen una mentalidad de crecimiento, creen que sus habilidades no están escritas en piedra y más bien, confían en que pueden aprender nuevas habilidades, a menudo perseverando cuando la vida se vuelve difícil.

Estos individuos rara vez se inclinan a darse por vencidos, perciben sus deficiencias como áreas que justifican mejoras y los contratiempos como oportunidades para aprender de sus errores. Una mentalidad de crecimiento es fundamental para la resiliencia cognitiva, es un componente esencial de una actitud positiva. La creencia subyacente de que podemos mejorarnos constantemente y, por lo tanto, lograr cosas que antes nos eran imposibles es esencial para volvernos fuertes mentalmente, refuerza nuestra confianza en nosotros mismos, lo que amplifica nuestra voluntad de mantener el rumbo cuando nos enfrentamos a la adversidad.

Hay un último elemento que impacta directamente en nuestra actitud y, con él, en nuestra capacidad de resiliencia: la gratitud.

- El arte de ser agradecido/a

Muchas personas se regodean en la autocompasión, se quejan de que la vida es injusta y de que sus circunstancias les impiden lograr sus objetivos. Estas personas están ocupadas por su propia infelicidad, se entregan al victimismo en lugar de reconocer sus talentos y habilidades. Este estado de ánimo conduce a una frustración perpetua e incluso puede abrir la puerta a la depresión; como es de esperar, las personas que habitualmente sienten lástima de sí mismas a menudo se rinden cuando se enfrentan a desafíos.

Es importante reconocer que la autocompasión es una elección, no es una situación que nos sobrepase sino una actitud que adoptamos, y una vez que adoptamos esta actitud negativa, rápidamente puede ganar terreno en nuestras mentes, lo que nos lleva a culpar de nuestros fracasos a nuestras circunstancias de manera instintiva.

Este estado de ánimo es contrario al desarrollo de la fortaleza mental. Cuando expresamos gratitud, sobrepasamos las circunstancias.

8

Pensamiento positivo

El pensamiento positivo es un concepto que la gente dice todo el tiempo. Los profesionales de la salud mental, así como los gurús, a menudo aconsejan a los demás que se mantengan positivos, incluso cuando se ven envueltos en situaciones estresantes. Es fácil decirle a la gente que mantenga una actitud positiva, pero puede ser bastante difícil de hacer; en tiempos de caos, hambruna, calamidades y problemas, puede ser difícil buscar el lado bueno.

El pensamiento positivo es un proceso que debes aprender y adoptar en tu vida diaria, que además, puede ayudarte a tener éxito.

Puedes intentar preguntarles a las personas exitosas, lo más probable es que te digan que ellos también han experimentado adversidades que casi les hicieron renunciar, pero no lo hicieron porque tienen una mentalidad positiva. Las personas exitosas, productivas y activas tienen una actitud positiva; saben lo que quieren, están enfocados, no permiten que los tiempos de inactividad se aprovechen de ellos.

Tienes que darte cuenta de que todo el mundo experimenta adversidades porque nadie es perfecto, todas las personas tienen problemas, aunque es posible que no notes que otras personas lo están pasando mal porque tienen una actitud saludable hacia su situación. Si te conviertes en una persona optimista, ya estarás muchos pasos por delante de tus compañeros.

El secreto para mantener una actitud positiva es tomar el control total de tus pensamientos. Ten en cuenta que el éxito es en un noventa por ciento el resultado directo de la forma en que usas tu mente; los mejores deportistas, empresarios y profesionales conocen la importancia de utilizar la mente correctamente.

A menudo, las personas fracasan incluso antes de comenzar una empresa, por ejemplo, y esto sucede porque no usan su mente correctamente: crean miedos imaginarios, sentimientos negativos y recuerdan fracasos pasados para asustarse y evitar perseguir sus sueños y metas en la vida.

. . .

Debes tener en cuenta que realmente no existe un requisito previo para su éxito. Solo tienes que creer en tus propias habilidades, tienes que esforzarte para convencerte de que tienes la capacidad de triunfar en la vida. No puedes convencerte a ti mismo/a de que puedes simplemente confiar en tus habilidades una o dos veces y luego hacer una diferencia real en tu vida; tienes que ser persistente y fiel en tus propias habilidades, tienes que creer honestamente que puedes hacerlo.

Puedes practicar diciéndote a ti mismo/a afirmaciones positivas todos los días, luego, puedes progresar y hacerlo todas las semanas, todos los meses, etc. Una vez que desarrolles este hábito, te resultará difícil dejarlo. Una vez que llegues a un punto en el que ya tengas confianza en tus propias habilidades, las energías de tu cuerpo te darán impulso.

Tu mente crea tu mundo, eso es un hecho. Puedes probar esto mirando a tu alrededor: piensa en todas las cosas que ves, desde los accesorios de iluminación hasta los muebles de tu hogar, mira por la ventana y observa cómo vuelan los pájaros y las mariposas, admira las plantas y los árboles y las maravillas de la naturaleza. Recuerda que cualquier cosa que tu mente conciba, lo puede crear.

Si crees que las estrategias de pensamiento positivo son turbias, deberías intentar evitar formar juicios rápidos hasta que intentes utilizar el pensamiento positivo para tus elecciones de vida. Puede que te sorprendas con lo que descubras.

¿Por qué es bueno pensar en positivo?

En primer lugar, responde esta pregunta. Si tuvieras que elegir, ¿con quién preferirías estar: una persona sombría, que se queja de todo y de todos, o una persona radiante que ama todo y a todos? Una persona cínica parecería poder drenar la energía de ti, cansándote mental y emocionalmente, mientras que una persona radiante cargaría tu mente y cuerpo; entonces, ¿no es mejor tener una persona positiva que una negativa?

Otros beneficios del pensamiento positivo son:

- Piensas mejor y más claro cuando te enfocas en lo positivo, porque ves lo positivo. Cuando un pesimista ve que una puerta se cierra, tú puedes ver la oportunidad de encontrar otro camino.
- Tienes más amigos. A la gente le gusta estar contigo porque eres divertido/a, inspirador/a y feliz. Los haces sentir bien y tu actitud positiva se les contagia.
- Trabajas mejor. Cuando tu mente está llena de pensamientos positivos, tu cerebro funciona

mejor y es más productivo, trabajas mejor y más tiempo cuando estás feliz que cuando estás deprimido/a.

- Eres mejor amigo/a, padre o madre, cónyuge, hijo/a o trabajador/a. Cuando eres positivo/a, tiendes a ser más empático/a, más amable, más consciente, es más fácil hablar contigo, y mucho más. En otras palabras, ser una persona positiva te convierte en una mejor persona.
- Estás más saludable. Ser positivo/a mantiene bajos tus niveles de estrés y mantiene tu cuerpo y mente protegidos de los efectos secundarios del estrés, como presión arterial alta, problemas cardíacos, colesterol alto, riesgo de ataque cardíaco, problemas gástricos, pérdida de memoria, riesgo de diabetes y muchos más.
- Permaneces más joven por más tiempo. Como persona positiva, te preocupas menos y puedes evitar que el estrés se acumule lo suficiente como para dañarte. Esto significa que contrarrestas mejor todos los síntomas del envejecimiento: te ves mejor, te sientes mejor, mantienes todos los problemas relacionados con la edad (colesterol, problemas cardíacos, problemas de memoria) a raya y, por lo tanto, vives más tiempo.

Como puedes ver, el pensamiento positivo significa acciones positivas y, a su vez, significa encontrar una vida más feliz, más saludable y más plena. El pensamiento positivo te hará mirar cada situación, incluso las peores, con la creencia de que algo bueno saldrá de ella; mantendrás la confianza en ti mismo/a y los demás y siempre trabajarás para encontrar el curso de acción más constructivo.

¿Qué es la baja autoestima? ¿Cómo mata el pensamiento positivo?

¿Sabías que cada persona es el resultado de tres percepciones en una? La primera es quien crees que eres, la segunda es quien crees que los demás piensan que eres, y la tercera es lo que otros piensan que eres. Estas tres percepciones determinan la forma en que te comportas y miras el mundo.

A veces, prestas demasiada atención a una de estas facetas, y todo sale mal, este es el momento en que te vuelves infeliz. La infelicidad tiene una forma de bloquear la capacidad de reconocer o apreciar cualquier cosa positiva que te rodea. En esos momentos, debes respirar profundamente y analizar de la manera más objetiva posible la razón de tu infelicidad. ¿Cuál es el detonante? Hazte estas dos preguntas:

1. ¿Estoy realmente amenazado/a por esta situación en particular?
2. En caso afirmativo, ¿tengo los medios y / o la capacidad para manejar la amenaza?

El nivel de estrés es directamente proporcional a la capacidad de resolver la situación. Es cierto que a veces las condiciones son potencialmente mortales, como una enfermedad terminal, calamidades naturales, pérdida repentina y total de ingresos, amenazas a la vida, accidentes, ataques físicos, etc.

Sin embargo en muchos otros casos, las situaciones que causan estrés son solo cosas percibidas bajo una luz negativa.

En situaciones reales y potencialmente mortales, el estrés es una señal positiva, ya que te envía como "señales de advertencia" o "alarmas" que te indican que te prepares para lo que está por venir. Te dice *"actúa ahora y sálvate a ti mismo/a"*, sin embargo, habría muchos casos en los que el estrés es el resultado de nuestra percepción errónea de una situación determinada. En tales casos, sentirías que eres víctima de un trabajo en el que no puedes hacer nada para ayudarte a ti mismo/a.

Esto pasa cuando te sientes infeliz, preocupado/a y estresado/a; cuando no estás feliz, es sencillo ser demasiado duro/a contigo mismo/a y, por lo tanto, socavar aún más tu capacidad para pensar con claridad y/o resolver las cosas de manera constructiva. Así es como la baja autoestima comienza a arraigarse en tu mente, aquí es cuando comienzan a acumularse pensamientos negativos en tu mente, que te dicen que no eres lo suficientemente capaz, lo suficientemente sabio/a y no estás preparado/a adecuadamente para manejar la situación.

¿Te has escuchado a ti mismo/a diciendo cosas como…?

"No soy lo suficientemente bueno/a, nunca podría hacer esto" (inadecuación), *"me estoy esforzando mucho, qué tal si no es suficiente"* (miedo al rendimiento), *"sé que tengo mala suerte, no importa cuánto trabajo, algo pasa y todo se arruina a la última hora"* (síndrome de víctima, cosas que escapan al control de tu persona), *"¿y si al final me ven como un idiota y se ríen de mí y de mis ideas?",* (importancia para los factores externos: las opiniones de los demás).

En la mayoría de los casos, esta voz interior que te deprime está mal, pero mientras la escuches no podrás confiar en ti mismo/a lo suficiente como para hacer algo al respecto. Entonces es un deslizamiento fácil hacia pensamientos negativos y acciones dañinas.

Detén los pensamientos negativos tan pronto como puedas, debes creer que puedes si quieres lograr algo bueno para ti y para los que te rodean. No solo necesitas pensar, sino estar convencido/a de que puedes.

· · ·

Yo puedo… ¿Podré?

Habrás oído hablar del dicho "si crees que puedes, puedes; si crees que no puedes, no puedes". Esto lo dice todo. En el momento en que creas que puedes, te sorprenderás de tu fuerza para luchar contra cualquier situación dada; en el momento en que te decidas a luchar contra algo, tu poder para hacerlo se duplicará.

No importa que invariablemente te enfrentes a contratiempos menores o significativos, al final, ciertamente lo lograrás. La diferencia, la única diferencia entre una persona exitosa y una persona que fracasa es que la persona exitosa sigue adelante, no importa cuántas veces se caiga; el fracasado se rinde y deja de intentar levantarse.

Pierdes cuando dejas de trabajar, pero mientras lo intentes, siempre encontrarás otro camino, y otro más, y al final, lo lograrás. Thomas Edison falló 1001 veces antes de que pudiera inventar la bombilla, ¿estaba molesto? Para nada, dijo que encontró 1001 formas de no hacerlo. ¡Esto es pensamiento positivo en su máxima expresión!

Cuando te sientes débil e indefenso/a, la mayoría de las veces es porque tus pensamientos te hacen sentir así.

· · ·

¿Qué estás pensando? Tus puntos de vista se centran en lo negativo, es decir, en lo que podría suceder si fracasas: *"¡Oh Dios! ¿Qué pasa si mi plan no funciona?", "¿qué pasa si no lo hago bien?", "¿y si la gente lo encontrara ridículo? ¿Y si se ríen de mí?", "¿qué pasa si mi trabajo es mal entendido, rechazado o encontrado deficiente?", "¿qué pasa si pierdo todo lo que tengo?"*... y la lista continúa.

Estas son dudas, dudas que tienen la capacidad de cambiar tu convicción de "yo puedo" en una pregunta de "¿puedo?". Cuando las dudas y los pensamientos negativos se arraigan en tu mente, se crean sentimientos negativos que conducen a una parálisis completa. A menos que te controles a tiempo y las elimines sistemáticamente, los pensamientos y sentimientos negativos matarán con el tiempo tu pasión, tu voluntad de seguir adelante y tu capacidad de actuar.

Para luchar y contrarrestar los sentimientos negativos, primero debes reconocerlos como el desencadenante de tu infelicidad. Imagina que eres tu mejor amigo y te piden un consejo, esto te ayudaría a ver estos pensamientos y sentimientos negativos de manera mucho más objetiva.

9

El poder del pensamiento positivo

El pensamiento positivo es algo que mucha gente se esfuerza por tener. Durante estos tiempos de caos, hambruna, crímenes, calamidades y otros problemas, ciertamente puede ser un desafío ver el lado correcto de las cosas, las personas y los eventos. Sin embargo, esta actitud mental que te impulsa a esperar resultados favorables y positivos es crucial si quieres vivir una vida saludable; un poquito de esperanza y optimismo puede ser de gran ayuda.

El pensamiento positivo es básicamente el proceso de albergar pensamientos que producen y convierten la energía en realidad.

Cuando tienes una mentalidad positiva, aumentas tus niveles de felicidad y satisfacción, además, el pensamiento positivo puede ayudarte a lograr el éxito. Como ya se ha mencionado, si preguntas a las personas exitosas cómo llegaron a donde están, lo más probable es que te digan que se debió a un pensamiento positivo.

La verdad es que una actitud positiva puede ayudarte a tener éxito en tus emprendimientos personales y profesionales. Ya sabes que al desarrollar esta habilidad, ya estás muchos pasos por delante de las personas que no pueden controlar sus pensamientos.

Los efectos del pensamiento positivo y negativo

Tus pensamientos positivos y negativos pueden afectar el funcionamiento de tu cerebro de diferentes maneras.

Digamos que estás caminando en un bosque cuando de repente ves que un tigre se cruza en tu camino: instintivamente sientes miedo y tal vez incluso pánico, esto es normal debido a la respuesta de lucha o huida que heredamos de nuestros antepasados prehistóricos.

La respuesta de lucha o huida es una reacción fisiológica que ocurre como respuesta a un ataque, amenaza o peligro percibido; sabes que el tigre es enorme, saludable y puede devorarte, entonces tu primer instinto es salvar tu vida.

¿Cómo haces esto? ¿Huyes o trepas a un árbol? El miedo y el pánico son emociones negativas que pueden hacer que te concentres únicamente en alejarte del tigre, por ejemplo. Si permites que esas emociones negativas nublen tu juicio, no podrás proponer ideas racionales y factibles; ceder a las emociones negativas puede estrechar tu mente.

Sin embargo, abrirte a las emociones positivas puede ampliar tus opciones, para así ver que, además de huir, también puedes trepar a un árbol. En el mundo moderno de hoy, es muy poco probable encontrarte con un tigre, a menos que, por supuesto, te adentres en la jungla. Sin embargo, tu cerebro todavía está programado para tener la misma respuesta a las emociones negativas, incluso apagando y limitando las opciones disponibles.

Entonces, siempre que te enfrentes a una situación difícil o desafiante, tu primer instinto puede ser estresarte.

Si te dejas consumir por el estrés, no podrás encontrar formas de solucionar la situación, estarás paralizado/a e improductivo/a, lo que puede provocar problemas aún más importantes. Por otro lado, si eliges emociones positivas como el amor, la alegría y la alegría, puedes ver más oportunidades y posibilidades, tendrás más opciones para elegir, lo que puede hacer que logres cosas más importantes en la vida.

· · ·

¿Cuáles son los beneficios del pensamiento positivo?

Cuando albergas pensamientos positivos, liberas energía positiva, lo cual es bueno para tu salud física y mental; el pensamiento positivo puede ayudarte a aliviar el estrés y la tensión. A menudo, las personas quedan tan absortas en su horario de trabajo que ya no tienen tiempo para relajarse, todo en lo que piensan son los problemas que tienen en el trabajo y a veces incluso traen estos problemas a casa. Si tú eres una de estas personas, debes deshacerte de este hábito de inmediato, seguir preocupándote por estas cosas no te servirá de nada.

El estrés es perjudicial para tu salud, ya que puede aumentar tu riesgo de enfermedades cardíacas, cánceres, presión arterial alta, diabetes y otras enfermedades crónicas. Estar estresado/a todo el tiempo también puede frustrarte e incluso hacerte arremeter contra otras personas, lo que no es adecuado para tus relaciones. Al descargar tu estrés, enojo o frustración con los demás, éstos te evitarán y terminarás solo/a, sin mencionar que puedes ganarte una mala reputación por ser de mal genio y no es fácil llevarse bien con este tipo de personas.

· · ·

Cuando tienes pensamientos positivos, puedes lidiar con situaciones estresantes de una manera más elegante y razonable; en lugar de dejarte consumir por el estrés, puedes ver el lado positivo de las cosas, las personas y las situaciones. Ser razonable y racional te permite tomar las decisiones correctas en las diferentes áreas de tu vida, puedes sopesar los pros y los contras en lugar de centrarte únicamente en lo que puede salir mal.

Siempre puedes encontrar algo bueno en lo malo, si tan solo te permites darte cuenta de ello. Recuerda que tus pensamientos son convincentes y de hecho, pueden afectar el curso de tu vida. Lo que importa es cómo percibes las cosas, si ves el vaso medio lleno en lugar de medio vacío, también puedes reducir el riesgo de problemas de salud mental como depresión y ansiedad.

Un estudio publicado en el *Journal of American College Health* puede probarlo: en el estudio, los investigadores observaron a varias mujeres que usaban técnicas cognitivo-conductuales como afirmaciones positivas; descubrieron que estas participantes pudieron reducir significativamente sus patrones de pensamiento negativo y síntomas de depresión.

Otro estudio generó resultados similares: los investigadores de la Universidad de Kentucky, Lexington, también han descubierto que pensar de manera positiva y practicar técnicas de ayuda puede ser útil para el bienestar general. Además, el pensamiento positivo puede mejorar tu confianza en ti mismo/a y tus relaciones con otras personas.

En otras palabras, puede ayudarte a apreciarte más a ti mismo/a cuando reconoces tus talentos y habilidades como únicas, así como a aceptar más tus defectos. Por ejemplo, puedes mantener la confianza incluso si sabes que no eres perfecto/a, si desarrollas una actitud positiva hacia tus debilidades, aún puedes salir adelante. Después de todo, hay muchas formas de convertir tus debilidades en fortalezas.

Cuando eres optimista y tienes un comportamiento positivo, también te vuelves más agradable. Esto te permite ser más sociable y llevarte mejor con otras personas, incluidos familiares, amigos, colegas, compañeros de clase e incluso extraños al azar.

12 hábitos de pensamiento positivo

Tienes el poder de desarrollar tu pensamiento positivo adoptando hábitos simples. Un hábito es algo que haces repetidamente hasta que se convierte en parte de ti, de modo que haces estas acciones automáticamente.

. . .

Ser capaz de pensar positivamente sin esfuerzo te facilitará vivir tu vida en un ciclo interminable de positividad, esto significa que tendrás lo que quieras cuando quieras, disfrutarás de la felicidad y el éxito, mientras que tu actitud positiva afectará a quienes te rodean. Aquí hay algunos hábitos sin fallas que puedes incorporar a tu vida diaria:

1.- Haz de cada desafío una aventura

Cada vez que te enfrentes a un desafío, deja de creer que estás en un callejón sin salida y que no hay solución; en cambio, acepta que hay algunas cosas que sucederán fuera de tu control y ve cada desafío como una aventura en la que puedes ganar al final o aprender una lección valiosa.

2.- Respiración profunda

Cuando se le dice a la gente que se calme, a menudo se recomienda la respiración profunda. También tienes el poder de cambiar la forma en que te sientes, transformando un pensamiento negativo en uno positivo; usa la respiración profunda cada vez que te salgas de la positividad y encontrarás que tu estado de ánimo se vuelve equilibrado una vez más.

3.- Difunde tu amor

Compartir el amor es una excelente manera de atraer energía positiva y mantenerla. Puedes hacer esto simplemente compartiendo una sonrisa; esto, a su vez, hará sonreír a otras personas, lo que rápidamente propagará un sentimiento de felicidad. Es asombroso cómo una acción tan pequeña puede tener un impacto increíble.

4.- Dar abrazos

El contacto físico cercano con otra persona, principalmente cuando se basa en el amor o la amistad, elevará inmediatamente tu estado de ánimo y moverá tu mente hacia pensamientos positivos. Como seres humanos, nos encanta responder al tacto y sentirnos cerca de los demás mediante el mismo, así respondemos dando energía positiva, especialmente cuando estamos en el extremo receptor.

5.- Cambia la palabra "tener" por "poder"

Hacer esto asegurará que experimentes gratitud y positividad en los niveles más altos. En lugar de decir "*tengo que pagar mis facturas*" o "*tengo que ir al supermercado*", di las palabras "*puedo pagar mis facturas*" o "*puedo salir al supermercado*". Estas son palabras que cambian tu actitud y aumentan la positividad que sientes dentro de ti.

6.- Deja de decir "siempre" y "nunca"

Aquí hay otras dos palabras que son fáciles de decir, y ambas tienen energía negativa, declararlas tiene un carácter absoluto y condena a una persona o situación. Decirle a un colega "*nunca te comunicas*" o a un cónyuge "*siempre llegas tarde*", a menudo hace que una situación simple sea peor de lo que es, porque es poco probable que el nunca o siempre se base en la verdad. Si usas estas palabras, asegúrate de usarlas solo en una afirmación positiva.

7.- Elige tus batallas

Cuando estás rodeado/a de personas negativas, es fácil dejarte atrapar por su negatividad, así que aprende a decir que no cuando te enfrentes a una situación en la que otros se quejan. Cuando eliges no validar o aceptar las quejas, es menos probable que las personas se quejen contigo.

8.- Encuentra esperanza en la tragedia

Uno de los momentos más difíciles para usar el pensamiento positivo es cuando te enfrentas a una tragedia, como una muerte o una experiencia traumática. Para mantener una actitud positiva en estas situaciones, piensa en las historias de éxito de otras personas que han superado desafíos peores y han encontrado esperanza.

También, busca ayuda profesional. En poco tiempo, dejarás de experimentar ansiedad o devastación.

9.- Acepta el rechazo

No importa cuánto te esfuerces, no puedes complacer a todos. Por lo tanto, pasarás por momentos en los que serás rechazado/a, ya sea en las relaciones personales, el lugar de trabajo o la sociedad en general.

No le des al rechazo el poder de ahogarte en el pensamiento negativo, en cambio, acepta el rechazo y busca siempre la oportunidad que surge de él.

10.- Oriéntate a las soluciones

Enfrentarás problemas en algún momento, incluso cuando tengas energía positiva todo el tiempo. Para permanecer con energía positiva, debes pensar en las soluciones a los problemas, en lugar de la devastación de los problemas. Descubrirás que con el tiempo siempre podrás mejorar las cosas.

11.- Mantente presente

Una vez que te enfrentes a un problema, asegúrate de concentrarte en el problema en el presente, en lugar de usar tu energía para pensar en el problema en el futuro o mencionar incidentes del pasado. Perder el enfoque hace que sea difícil mantener una actitud positiva y también genera emociones conflictivas que alimentan la negatividad. Al estar presente, puedes encontrar una solución positiva a un problema específico.

12.- Ponte a ti mismo/a primero

El pensamiento positivo se extiende más allá de tu mente y también te afecta física y mentalmente.

Para pensar habitualmente en positivo, debes cuidar tu cuerpo y tu mente, esto significa mantenerte en forma, descansar cuando sea necesario y llevar un estilo de vida saludable. Estas acciones aseguran que vivas sin experimentar estrés o ansiedad.

10

Ley de atracción a través del control de tu mente

La ley de atracción es una técnica de manifestación que permite a las personas usar su mente para atraer los resultados deseados a su vida. La explicación más básica es que cuanto más te concentres en lo que quieres en la vida, más fácil te resultará conseguirlo. Si te tomas el tiempo para meditar claramente en la vida que deseas, te resultará fácil manifestar la vida de tus sueños y vivir la vida que deseas y mereces.

La ley de la atracción a profundidad

La realidad es que la ley de la atracción es uno de los mayores misterios de la vida, hay muy pocas personas que son conscientes del poder de la Ley de Atracción y que se dan cuenta del gran impacto que puede tener en su vida. El entendimiento que tenemos actualmente sobre esta ley es que si te enfocas en algo que quieres, lo alinearás a tu vida. La creencia es que cuanto más te concentres en ello, más reconocerás las oportunidades que te llevarán hacia conseguirlo. Además, cuanto más imagines que ya tienes algo, más fácil será actuar de tal manera que lo atraiga a tu vida.

Lo que eso significa es que tendrás la confianza y la mentalidad necesarias para llevar una vida con lo dicho en ella. Entonces, si quieres ser millonario/a y manifiestas ser millonario/a, será más probable que notes oportunidades que te lleven a ser millonario/a y tendrás más confianza en aprovechar esas oportunidades. También será más probable que cambies tu estilo de vida para adaptarte a las cualidades millonarias y, por lo tanto, se te considerará millonario/a y, por naturaleza, te convertirás en uno/a en algún momento.

Si bien muchas personas están contentas con una descripción básica de la práctica, algunas personas están ansiosas por una explicación más científica. Si tienes una mente más lógica, es posible que te resulte más difícil sumergirte en la práctica sin una razón más profunda de por qué funciona.

Si esto te describe, no te preocupes, en realidad se han realizado algunos estudios científicos sobre esta ley y muchos de ellos son prometedores.

Básicamente, la ciencia gira en torno a algo llamado "neuronas espejo", estas neuronas son las que permiten a los humanos aprender nuevas prácticas. Cuando un bebé ve a sus padres comer con una cuchara, y luego toman una cuchara y comienzan a alimentarse con ella, esta es práctica de las neuronas espejo. Por supuesto, el bebé no será perfecto con sus habilidades con la cuchara desde el principio, pero el mero hecho de que esté practicando significa que está en camino de perfeccionar el arte. Lo mismo es cierto para todos los seres humanos, e incluso para los animales.

Cuanto más te concentres en algo que quieres, más lo notarás en la vida diaria. Entonces, digamos que deseas manifestar una vida más pacífica; si esto es cierto, comenzarás a ver más personas que tienen paz en su vida y comenzarás a aprender sobre las prácticas que utilizan para lograr dicha paz. Luego, comenzarás a practicarlo en tu propia vida y como resultado, tendrás una vida más pacífica. Aquí, has manifestado con éxito la atracción de una vida tranquila.

La razón por la que la gente usa la manifestación y la Ley de Atracción es porque muchas veces es difícil saber la ruta exacta para llegar a donde quieres ir. Si bien es posible que tengamos hojas de ruta para llegar a puntos de referencia físicos, hay muy pocas hojas de ruta para llegar a nuestros puntos de referencia de estilo de vida deseados.

. . .

La manifestación es una de las herramientas de hoja de ruta más efectivas que tenemos para atraer nuestras vidas deseadas, porque nos ayuda a tener claro hacia dónde queremos ir y luego enfocarnos en ello. Luego, a través de la Ley de Atracción, comenzaremos a notar caminos que están disponibles para nosotros que nos ayuden a llegar a nuestro punto de referencia o estilo de vida deseado.

Reprogramando tu mente

Esencialmente, la Ley de Atracción es una oportunidad para reprogramar tu pensamiento con el fin de alinearlo con tu vida deseada. Puede parecer difícil, pero en realidad es increíblemente fácil. El componente más crítico de una manifestación exitosa es dedicar tiempo cada día a manifestar tus deseos.

Piénsalo, si estuvieras aprendiendo a patinar, no te pondrías los patines y luego pisarías el hielo e intentarías hacer saltos y giros de inmediato, ¿verdad? Si lo hicieras, probablemente no serías muy bueno/a en eso. Tienes que practicar, aprender la habilidad y enseñar a tu cuerpo a absorber la habilidad también.

Al igual que con el aprendizaje de nuevas habilidades físicas, aprender a manifestar es una habilidad mental que debes practicar. Manifestar es el componente más importante de reprogramar tu mente para alinearla con tu estilo de vida deseado; cada día, pasarás tiempo enfocándote claramente en lo que quieres y sumergiéndote completamente en ese estilo de vida a través de tu imaginación. Luego, a través de la Ley de Atracción, pasarás el resto de tu día practicando hábitos que te ayuden a llevar tu estilo de vida deseado.

Idealmente, cuanto más practiques manifestar, más pensarás y te concentrarás en este estilo de vida deseado, más aprovecharás estas oportunidades y más lograrás atraer experiencias deseadas a tu vida. Suena simple, ¿verdad? Eso es porque lo es. Cuando las personas escuchan que tienen que reprogramar su mente para hacer cambios, puede parecerles aterrador y difícil; la realidad es que no es nada difícil.

Te enseñaré técnicas simples que puedes emplear todos los días para manifestar tu vida y experiencias deseadas. Después de practicar y aprender a perfeccionar esta habilidad, verás que manifestar la vida que deseas es seguro y que puedes tener la vida que tanto deseas disfrutar.

Ley de Atracción y Mente Subconsciente

Muchas personas desconocen el poder que tiene la mente subconsciente en nuestra vida, y en nuestra calidad de vida en particular. Sabemos que la mente subconsciente es responsable de ayudarnos a respirar, digerir, ir al baño y realizar otras funciones corporales esenciales. Sin embargo, a menudo olvidamos que también es responsable de ayudarnos a controlar las funciones mentales.

La manifestación es una oportunidad para acceder a tu subconsciente y básicamente controlar la forma en que afecta tus capacidades mentales; aunque no te des cuenta, tu subconsciente es la base de casi todas las decisiones que tomas.

Si tiendes a tener ansiedad y, por lo tanto, los desencadenantes específicos te hacen reaccionar con miedo aunque no comprendas conscientemente por qué, es porque la razón está arraigada en tu mente subconsciente.

Por ejemplo, si las puertas rojas te ponen ansioso/a, puede deberse a que en un momento de tu infancia sucedió algo aterrador o incómodo asociado a una puerta roja. Ahora, aunque tu mente consciente se dé cuenta de que no hay razón para tener miedo, tu mente subconsciente desencadenará ansiedad.

La manifestación es una excelente manera de ejercitar tu capacidad para reconfigurar cómo reacciona tu mente subconsciente a los desencadenantes, entre otras cosas. Cuanto más practiques enseñarle a tu mente subconsciente a responder de la manera que desees, más fácil será atraer la vida que deseas.

A través de tu mente subconsciente puedes entrenarte para tener más confianza, pensar pensamientos positivos más fácilmente, ver oportunidades en la vida, mirar el lado positivo de las cosas, atraer tus deseos y más.

El poder del pensamiento positivo

No es ningún secreto que el pensamiento positivo ayuda a las personas a llevar una vida más feliz y saludable, es un hecho sabido y se ha mencionado aquí varias veces. Las personas que tienen una perspectiva optimista de la vida suelen tener una mejor experiencia en general. Hay muchas razones por las que el pensamiento positivo puede tener un impacto tan poderoso en tu vida, algunos ejemplos incluyen estrés reducido, más gratitud, menos ansiedad y depresión y mayor alegría en la vida.

Esto sucede porque es menos probable que los pensadores positivos sobrepiensen y se detengan en temas negativos que les hagan sentir incómodos o molestos. Entonces, cuando suceden cosas molestas o dañinas en su vida, es más probable que lo vean con una mente lógica y respondan conscientemente, en lugar de reaccionar subconscientemente. Eso significa que se manejarán más cómodamente en la situación, resolverán sus emociones de manera más efectiva y, en última instancia, se recuperarán de las situaciones negativas de una manera aparentemente sin esfuerzo.

Ser un pensador positivo no significa que no te sucedan cosas malas, significa que cuando sucedan cosas malas, buscarás la oportunidad, trabajarás para saber por qué ha sucedido y la utilizarás como una oportunidad para asegurarte de que lo harás mejor y prevenir esta situación en el futuro. También pasarás tiempo enfocándote en otras áreas más felices de tu vida en lugar de concentrarte en las áreas dolorosas y dañinas, de esa manera, se reducirá la cantidad de estrés en el que incurras por estas experiencias y tendrás una tasa de recuperación ante situaciones negativas mucho más rápida que los pensadores negativos.

Los pensadores negativos tienen tendencia a insistir, concentrarse en los aspectos negativos de la vida, experimentar niveles más altos de estrés, ansiedad y depresión, y sufren tanto mental como físicamente por sus pensamientos negativos. Para evitar experimentar todos estos efectos secundarios incómodos del pensamiento negativo, necesitas practicar el poder del pensamiento positivo.

· · ·

Pensar de manera positiva puede ser difícil al principio, especialmente te has acostumbrado a los pensamientos negativos.

Puede llevar un tiempo reconfigurar tu cerebro para pensar positivamente en lugar de negativamente cuando ocurren desencadenantes específicos que alientan a nuestro cerebro subconsciente a producir y fijarse en pensamientos catastróficos. Sin embargo, a través de la manifestación y la Ley de Atracción, puedes enseñarle a tu mente a reconfigurarse y ver estos desencadenantes negativos como desencadenantes positivos y concentrarte en lo positivo de la vida. Con el tiempo, será más cómodo y más natural, y en poco tiempo te convertirás en un/a pensador/a positivo/a. ¡Entonces, puedes comenzar a cosechar todos los beneficios del pensamiento positivo!

11

Las herramientas que necesitas

Para aprovechar el poder del pensamiento positivo en tu vida, sería mejor que utilizaras algunas herramientas.

A continuación, presentamos algunos métodos que consolidarán el pensamiento positivo como un hábito diario para ti, lo que a su vez te ayudará a cumplir las metas de tu vida, a soñar y a encontrar la felicidad.

Pensamientos – ¿qué estás pensando?

Hemos visto antes lo importante que es lo que pensamos.

. . .

Cuando te "hablas" a ti mismo/a en tu mente después de un fracaso o cualquier percance, estás dibujando una imagen de tu persona en tu mente.

Esa imagen se imprime en tu mente y permanece allí durante mucho tiempo y si esa imagen es negativa, todo lo que hagas después será negativo también, por lo tanto, es importante tener cuidado con los pensamientos que permites que habiten tu mente.

Debes concentrarte en los aspectos positivos de cualquier situación, y en aquellas situaciones en las que te resulte muy difícil encontrar algo positivo, haz un esfuerzo por no terminar culpándote. Las personas con baja autoestima tienden a culparse a sí mismas por todo lo que sale mal a su alrededor, incluso aquellas cosas en las que no tuvieron nada que ver. Por ejemplo, dirían *"esto sucedió porque tengo muy mala suerte"*, o *"esto sucedió porque a donde quiera que vaya, traigo desastres"*.

Concéntrate en el aspecto positivo de cualquier situación y además, enséñate a captar esos pensamientos negativos justo cuando comienzan a formarse.

. . .

Es posible que no puedas evitar pensar *"¡vaya! ¡Lo arruiné a lo grande!"* pero puedes evitar que este pensamiento se convierta en *"¡me siento tan desesperado/a y no sirvo para nada!"*.

Aprende a perdonarte rápidamente a ti mismo/a y sigue adelante. Si tienes dificultades para hacer eso, imagínate como un amigo: ¿cómo habrías reaccionado si ese amigo cometiera el error/paso en falso/problema que cometiste? A menudo es muy fácil perdonar el error de un amigo y también es fácil convencerle de que se olvide de eso; aplica las mismas reglas a ti mismo/a. Deja ir la culpa y el castigo, aprende la lección y sigue adelante; fomenta el pensamiento positivo a través de tu mente y cree en ti mismo/a. ¡Sé tu propio/a mejor amigo/a!

Actitud – desafía tus pensamientos

Necesitas una actitud positiva para mantener los pensamientos positivos el tiempo suficiente para beneficiarte de su poder. Si tienes una actitud derrotista, terminarás derrotado/a.

Debes concentrarte en desarrollar una actitud positiva y mantenerla, necesitas creer en ti mismo/a, estar seguro/a de que puedes afrontar cualquier tipo de situación y encontrar soluciones a cualquier problema que se te presente.

· · ·

Cambiar tu actitud es fácil siempre que vigiles de cerca tus pensamientos y no dejes que se pierdan en la negatividad. Puedes cambiar tu actitud en 3 pasos rápidos:

1.- Encuentra lo que necesitas cambiar:
Es muy importante que primero identifiques qué rasgos te están reprimiendo. Identifica uno (o más) rasgos negativos que influyen en tu actitud y dirígete hacia lograr cambiarlo(s), intenta hacer un cambio a la vez.

2.- Encuentra un modelo a seguir para facilitar la visualización:
Para facilitar las cosas, identifica un modelo a seguir a quien te gustaría parecerte. Esto te puede ayudar a visualizar los cambios que deseas ver en ti mismo/a.

3.- Visualiza el resultado del cambio:

Ve con tus ojos cómo este cambio de actitud puede cambiar tu vida, ¿qué significa el cambio para ti? ¿Éxito?

¿Mejor entendimiento entre amigos? ¿Una relación amorosa con tu cónyuge o hijos?, etcétera. Proyecta esa imagen lo más vívidamente que puedas porque cuanto más clara sea la imagen, más fácil será para ti hacer la transición a ese cambio.

Creencias – aumenta la fuerza de tu mente

Nada funciona sin fe, tienes que creer que puede suceder antes de que lo veas. También tienes que desarrollar un conjunto de creencias que apoyen una actitud positiva y promuevan el pensamiento positivo. Repasa las siguientes creencias e introdúcelas en tu vida de manera constante pero firme para asegurarte de mantenerte positivo/a incluso cuando las cosas no se ven tan bien a primera vista.

No importa lo que la gente diga de mí

En el momento en que prestas atención a lo que otros dicen de ti, les das control sobre ti.

No te preocupes por quién habla de ti y qué dice; tienen derecho a opinar, además, ¿a cuántas personas puedes complacer, incluso si lo intentas? Lo mejor es seguir haciendo lo que crees que es correcto e ignorar todo lo que no te ayude a construir.

. . .

Tengo la libertad de ser yo

No es necesario que coloques una fachada frente a tus amigos, seres queridos, compañeros de trabajo, etc.; debes ser tú mismo/a, la persona original, nada más. En el momento en que imitas a alguien, estás diciendo alto y claro *"no me siento cómodo/a siendo yo mismo/a"*.

La vida apesta a veces, pero puedo hacer mucho bien con lo que tengo

Esto es importante porque la vida realmente te pateará un montón en la cara.

En lugar de sentarte allí y llorar de dolor, la mejor manera es ponerte a salvo y pensar en cómo superarlo.

Nunca preguntes *"¿por qué yo?"*, porque a las personas buenas también les suceden cosas malas, es solo que las manejan de manera diferente; por lo tanto, también puede sucederte a ti. En ese momento, ora para encontrar en ti la fuerza para ver el lado más brillante y seguir adelante.

Me siento triste hoy, y eso está bien

Habrá momentos en que las cosas no salgan como lo planeaste, la vida no es siempre un lecho de rosas, a veces obtienes más espinas que flores. En esos momentos, debes tener en cuenta que estas cosas pasan y pasarán.

Estoy agradecido/a por todo lo que tengo

Muy a menudo, cuando encontramos obstáculos en nuestras vidas, nos enfocamos en lo que no tenemos en lugar de estar agradecidos por lo que tenemos.

Es extremadamente importante que todos los días cuentes las bendiciones que tienes una por una, esto es especialmente importante cuando estás pasando por dificultades porque desviará tu dolor y pondrá las cosas en una mejor perspectiva.

Cometí un error pero está bien, estoy aprendiendo

No te castigues por los errores que cometas, aprende la lección y sigue adelante. Cada giro equivocado lleva a alguna parte, quizás no siempre sea el mejor camino pero es un camino nuevo, y hay algo que aprender de cada error.

. . .

Las cosas cambian, está bien

El único cambio permanente es la muerte. Espera que todo cambie, nada dura para siempre, bueno o malo, las cosas cambiarán. A veces, las cosas mejoran y, a veces, empeoran; debes estar preparado/a para el cambio y enfrentarlo de frente. Cuanto más huyas del cambio o te resistas a él, más difícil te resultará ser feliz.

Mi felicidad viene de adentro

Tu felicidad no depende de **NADA** externo. Está en ti, es la forma en que te amas y te respetas, es la forma en que permites que algo externo te afecte. **NO** proviene del dinero, el amor, los amigos, la aceptación y el éxito profesional; viene de adentro, proviene de creer que eres especial, que te mereces lo mejor y que obtendrás lo mejor. No debes permitir que nadie controle tu felicidad, esa es tu prerrogativa.

Elijo quedarme rodeado/a de personas que me aprecian

. . .

Proponte rodearte de personas que te aprecien por lo que eres, aléjate de las personas que te menosprecian, que te hacen sentir mal contigo mismo/a, que limitan tus sueños, que te agobian. Aléjate de cualquier influencia negativa porque agotará tu positividad sobre la vida. Eres la compañía que guardas.

Si me pregunto si vale la pena, no lo vale.

Escucha tus instintos, especialmente en cuestiones de amor. Si te preguntas "*¿vale la pena?*", entonces no lo vale, porque cuando sea así lo sabrás al 100%. No hay cabida para la duda cuando estás en esa relación especial, tú ya sabes. Cuando surge la pregunta, es porque hay cosas que tu relación te hace comprometer, ¡no lo hagas!, ¡no renuncies a nada que te dé felicidad! Ríete de sus errores, permítete romper las reglas, vive tu vida en su totalidad.

Solo tienes hoy, nunca se sabe lo que trae el mañana.

Estoy marcando la diferencia.

Haz algo bueno por alguien, marca la diferencia en la vida de alguien, sé la respuesta a las oraciones de alguien.

· · ·

Es enormemente liberador y da mucha alegría saber que puedes marcar una diferencia, para mejor, en la vida de alguien. Asegúrate de hacer al menos UNA buena acción todos los días, ya sea grande o pequeña; descubrirás que tu vida se llena de bendiciones.

No tengo expectativas y nunca me decepciono.

Esta es quizás la regla de vida más importante. No importa lo que hagas (en el trabajo, en tus relaciones personales, ayuda anónima), NUNCA esperes nada. En el momento en que esperas algo, te abres a la decepción porque la mayoría de las veces no obtendrás lo que esperas. Es mejor nunca esperar nada porque entonces cualquier cosa que venga a ti se convierte en un extra que puede ser celebrado. Las expectativas incumplidas pueden volverte amargo/a y resentido/a, además de que posiblemente roben tu felicidad. No permitas que eso suceda.

Voluntad – ¡Esto, lo cambiaré!

Tienes la fuerza de voluntad para cambiar lo que no te gusta. Muchas veces nos rendimos ante la vida porque estamos demasiado cansados para seguir luchando; no lo hagas, no te detengas hasta que obtengas lo que quieres de tu vida. Te debes mucho a ti mismo/a. Esta pequeña historia te ayudará a comprender mejor:

. . .

Estaba esta persona, Jeremy, que era amable, trabajador y servicial. Consiguió un trabajo pésimo, que pagaba mucho menos de lo que se merecía y lo hizo trabajar hasta el cansancio.

Le costó irse porque tenía una familia que mantener y el mercado no era demasiado bueno para buscar otro trabajo. Eric y Mark eran los amigos más cercanos de Jeremy, un día Mark explotó de enojo porque Jeremy estaba atrapado en un trabajo mal pagado y era infeliz, y Eric respondió: *"Obtienes lo que te mereces. No te preocupes por eso"*.

Mark se sorprendió. Sabía que Eric amaba a Jeremy, eran amigos de la infancia; entonces, ¿cómo pudo hacer tal comentario? Eric explicó: *"Mira, la vida te da altibajos. A veces tienes que mantenerte abajo por un tiempo, pero si eres bueno y sabes lo que quieres y lo que vales, no descansarás hasta que obtengas lo que te mereces"*. En otras palabras, hasta que creas que obtuviste todo lo que vales, seguirás luchando por obtener más.

Te detienes solo cuando crees que es suficiente. El conocimiento de que te mereces algo mejor de lo que tienes hoy te dará la fuerza y la voluntad para abrirte camino y alcanzar tu meta. Por lo tanto, nunca debes sentirte tan mal porque estás atrapado/a en una mala relación, un mal trabajo, una mala elección de carrera: aprovecha lo mejor que tengas y avanza hacia tu objetivo.

. . .

La lección aquí es que debes ser sincero/a contigo mismo/a sobre lo que quieres de tu vida y lo que te mereces. No comprometas tu felicidad. Ten la fuerza de voluntad para cambiar y sigue cambiando hasta que obtengas lo que mereces, y más. La próxima vez que te encuentres atrapado/a en cualquier tipo de situación que no te guste, di con firmeza: *"¡Esto, lo cambiaré!"*.

12

Establecimiento de metas

Las metas son tan poderosas que pueden cambiar todo el curso y la dirección de tu vida en muy poco tiempo. Cuando aprendes la importancia de las metas y cómo establecerlas correctamente, así como el procedimiento a ejecutar para lograrlas, haces más en menos tiempo y puedes lograr más durante el día.

No es una ciencia espacial, el tipo de metas que te propongas y qué tan factibles son de alcanzar son dos de los factores más importantes que controlan lo que terminas logrando en la vida y lo que termina fallando mientras las intentas lograr. Si deseas comenzar a lograr los objetivos correctos y hacer que las cosas sucedan cuando lo desees, convierte el establecimiento de objetivos en un hábito diario.

Analizaremos por qué definir la razón de tus metas las hace más alcanzables, cómo puedes establecer las metas correctas y por qué es incluso importante que establezcas metas diarias y trimestrales.

Por qué es importante tener metas

Es posible que te preguntes por qué necesitas metas para cambiar tu forma de pensar y lograr todo lo que deseas lograr. La verdad sobre las metas es que actúan como una brújula que te mantiene en el camino correcto y te asegura que no pierdas tu tiempo persiguiendo cosas que no están conectadas con el panorama general y el futuro que imaginas y visualizas durante tus sesiones de visualización consciente.

Un factor importante que hace que tus metas sean una herramienta poderosa para cambiar tu forma de pensar y cambiar tu vida es tu claridad. La claridad de tus objetivos se trata de definir una razón, un *porqué*. Es importante que sepas por qué has elegido establecer las metas que has elegido establecer.

Tu porqué es tu principal fuerza motriz, es el factor motivador que te mantiene en pie hasta que hayas logrado la meta que te propusiste alcanzar. Es esta razón lo que te dará energía y te inspirará a dar un paso más hasta llegar a la meta; es tu porqué lo que te permitirá levantarte e intentar una vez más cada vez que te caigas, te dará fuerza para seguir intentándolo hasta que hayas encontrado el éxito.

Sin un porqué o una razón bien definida, tus metas pueden terminar como sueños incumplidos. Por lo tanto, antes de comenzar a perseguir cualquier objetivo, asegúrate de haber entendido bastante bien el por qué lo estás buscando y la importancia de ese objetivo en particular para tu vida y el panorama general que ves en tus visualizaciones. Si no sabes el porqué, es posible que nunca encuentres el *camino*, ni el *qué*, ni el *cuándo*, ni el *dónde* que se relacionen con este objetivo.

Entonces, ¿cómo puedes saber el porqué de cualquier objetivo? Detente y pregúntate cómo afectará el logro de esa meta a la calidad de vida que vives y cómo puede acercarte a vivir tus sueños y cumplir tu destino.

Una vez que veas cómo el logro de esa meta específica afectará a tus sueños y la calidad de vida que vives, descubrirás un renovado vigor y energía para perseguirla hasta lograrla. Veamos ahora cómo establecer metas.

Establecer metas: cómo establecer metas SMART *(inteligentes) y alcanzables*

· · ·

No es suficiente establecer metas, lo que hace que las metas sean poderosas es la naturaleza de las mismas. Es posible que hayas oído hablar de los objetivos S.M.A.R.T (por su acrónimo en inglés). ¿Qué hace que tus objetivos sean inteligentes (SMART)[1] y alcanzables? Desglosaremos este acrónimo para ayudarte a comprender los componentes de una meta alcanzable y factible:

- *Specific* (específico)
- *Measurable* (medible)
- *Attainable* (alcanzable)
- *Realistic* (realista)
- *Timely* (oportuno)

Específico:

Cuando tus metas son específicas, tienes mayores posibilidades de lograrlas que cuando las conviertes en genéricas. Para que tus objetivos sean lo más específicos posibles, debes responder estas seis preguntas.

1. Qué: ¿Qué deseo lograr al establecer este objetivo?
2. Quién: ¿Quién participará en el trabajo para lograr este objetivo?
3. Dónde: ¿Dónde debo trabajar en este objetivo?

4. Cuándo: ¿Cuándo quiero lograr este objetivo?
5. Por qué: ¿Por qué quiero lograr este objetivo en particular?
6. Cuál: ¿Qué habilidades necesito para lograr este objetivo?

Cuando te hagas estas 6 preguntas podrás saber exactamente lo que deseas lograr, la ayuda que necesitas para lograr la meta, el lugar donde debes trabajar en la meta, el marco de tiempo dentro del cual lo harás, todos los requisitos y limitaciones involucrados en lograr tu objetivo, así como los beneficios específicos que disfrutarás cuando lo logres.

Por ejemplo, en lugar de establecer un objetivo general como "*voy a desarrollar mi mente para cambiar mi vida*", tu objetivo específico debería ser "*voy a visitar la biblioteca con mi amiga Ana y leer un libro nuevo una vez a la semana dentro de los próximos 6 meses para desarrollar mi mente y cambiar mi vida*".

Medible:

Debes establecer un criterio muy concreto para medir el progreso que haces hacia la consecución de la meta que te has marcado. Medir tu progreso te ayudará a mantenerte en el camino correcto, alcanzar tus objetivos y experimentar esa increíble sensación de logro que te energizará para tomar más acción y lograr más objetivos.

· · ·

Para evaluar qué tan mensurable es tu objetivo, detente y hazte preguntas como: ¿cuánto?, ¿qué tanto cuesta?, ¿cuán lejos tendré que ir? ¿Hasta dónde tendré que llegar para saber que he logrado este objetivo?, ¿cuántos impedimentos enfrentaré para saber que he logrado este objetivo?, ¿cuánto tengo que sacrificar para alcanzar este objetivo?

Alcanzable:
Cuando establezcas metas, es importante pensar en las habilidades que tienes con las que puedes trabajar para que dichas metas sean alcanzables.

Este análisis te ayudará a saber si necesitas obtener habilidades adicionales o contratar a una persona con más experiencia o más hábil para que te ayude a lograrlo.

No importa qué tan grande sea cualquier objetivo que establezcas, puedes hacerlo más alcanzable al decidir qué habilidades necesitas y qué recursos se requieren para que los objetivos sean fácilmente alcanzables. A medida que vayas adquiriendo las habilidades y los recursos que necesitas para alcanzar tus objetivos, las metas tan aparentemente grandes, de repente parecerán reducir su enormidad y volverse fácilmente alcanzables.

. . .

Realista:

Para que la meta que establezcas sea realista, esa meta debe representar un objetivo por el que estés dispuesto/a y puedas trabajar. No se trata de cuán grande o pequeña sea tu meta, como la mayoría de la gente piensa; lo importante es establecer metas por las que sientas mucha disposición para trabajar duro para lograr y aquellas que tus habilidades y recursos establecidos puedan ayudarte a lograr.

Oportuna:

Para que tus objetivos sean alcanzables, deben tener un límite de tiempo. El hecho de que tus metas tengan un límite de tiempo es lo que las define como metas; si tus metas no tienen un límite de tiempo, no son diferentes a soñar despierto/a o a tener ilusiones. Debes definir claramente cuándo deseas lograr estos objetivos para que te resulte más fácil medir y realizar un seguimiento de tu éxito en cualquier proyecto o hábito.

Por ejemplo, si dices que quieres empezar a meditar durante una hora todas las mañanas antes de salir de casa, deberías poder fijar una fecha límite para ese objetivo. Tu meta debería leerse como: "*deseo comenzar a meditar durante una hora todas las mañanas durante los próximos 21 días a partir de mañana*".

. . .

Usé 21 días porque los expertos creen que cada nuevo hábito tarda al menos 21 días en formarse y convertirse en parte de tu estilo de vida y rutina diaria.

Cuando establezcas dichos objetivos con un límite de tiempo, podrás verificar tu progreso al vencimiento de la fecha límite para evaluar dónde necesitas hacer ajustes y cambios.

Tus metas serán más fáciles de alcanzar si incorporas cada uno de estos componentes de una meta *inteligente* en cualquier meta que establezcas. Sin embargo, establecer metas no debe terminar con nuevos hábitos de éxito que desees desarrollar.

También puedes establecer metas para acabar con ciertos hábitos negativos que se interponen en tu camino para desarrollar tu mente y cambiar tu vida, alcanzando así la grandeza. Por ejemplo (y dejando este tema sobre la mesa para que lo consideres), uno de esos hábitos negativos que requiere establecer un objetivo inteligente para superarlo, es la adicción a las redes sociales. En esta época, cada vez más personas usan demasiado las redes sociales y esto está afectando todos los aspectos de sus vidas.

1. Las metas SMART, por su acrónimo en inglés, se mencionan también en este capítulo como "metas inteligentes", al ser esa la traducción literal del acrónimo, haciendo también referencia al significado conceptual de este tipo de metas.

13

Creando hábitos en torno a sueños y metas

Cuando se menciona el término "éxito", la gente imagina que estamos hablando de millonarios y multimillonarios, pero la verdad es que el "éxito" supera las ganancias monetarias. En pocas palabras, el éxito es lo que tú haces que sea, es tu propia idea.

Para algunas personas, su idea de éxito es obtener grandes beneficios, pero para otras, su idea de éxito está dejando una marca positiva en el mundo. Quizás algunas otras personas quieran desafiar a la gente a pensar con fuerza, mejorar el nivel de vida y promover la unidad.

Pero cualquiera que sea *tu* idea de éxito, siempre necesitarás cultivar hábitos que te ayuden a vivir bajo todo tu potencial.

. . .

Los hábitos pueden romperte o moldearte en alguien mejor. Los siguientes son algunos de los hábitos poderosos que te ayudarán a alcanzar tus metas y a cambiar tus pensamientos, así como a controlar tus emociones.

- Levantarte temprano de la cama

Seguramente serás más productivo/a en las primeras horas de la mañana. Cuando te levantas lo suficientemente temprano, tienes tiempo para planificar tu día, meditar y realmente ocuparte de tus tareas. Si sales de casa temprano, entonces tendrás acceso a servicios públicos con poca gente, como carreteras, bibliotecas y oficinas, lo que libera tu tiempo con un amplio margen.

Levantarte temprano también te ayuda a aprovechar las oportunidades antes que casi todos los demás.

- Hacer ejercicio

Si descuidas tu cuerpo, también puedes despedirte de tus metas; esto se debe a que tu cuerpo se debilitará día con día y eventualmente comenzará a robarte fuerza. Hacer ejercicio te ayuda a mantener tu cuerpo en plena forma y el ejercicio no tiene por qué ser agotador, lento o costoso: si no tienes tiempo o dinero para un gimnasio, existen muchos ejercicios sencillos que puedes realizar en casa para mantener tu cuerpo en perfectas condiciones.

Algunos de los beneficios de hacer ejercicio con regularidad incluyen el combate a afecciones y enfermedades diversas, la mejora del estado de ánimo, el aumento de energía, la mejora de la calidad del sueño, la contribución a tu salud cerebral y memoria, entre muchos otros.

- Dieta saludable

Así como es importante hacer ejercicio, también es importante vigilar tu dieta. Para lograr el éxito, deberás ejecutar varios planes de acción y, obviamente, se requiere que estés en perfecto estado de salud para poder hacerlo.

Una dieta saludable se ve afectada por varios factores, pero en última instancia, se reduce a tus gustos y preferencias; es posible que te aborrezcan algunos alimentos que universalmente se denominan saludables, pero hay una parte buena y esa es que nunca faltan los sustitutos de ningún tipo de comida.

- Proteger lo que entra en tu mente

Al final del día, eres prácticamente tus pensamientos: si tienes pensamientos negativos, manifestarás acciones negativas, y si tienes pensamientos positivos, manifestarás acciones positivas. En la mayoría de los casos, nuestra negatividad o positividad se alimenta de estímulos externos, por ejemplo, si tenemos la tendencia de ver noticias tristes en la televisión, podríamos comenzar a ver el mundo como un lugar extremadamente peligroso, aumentando nuestras señales de miedo y ansiedad, y eso podría convertirse en un impedimento psicológico para el éxito. Por lo tanto, debes tener cuidado con lo que lees, miras y escuchas, pero sin apartarte de tu realidad.

- Trabajar duro

Solo hay dos cosas: resultados o excusas. Aquellos que actúan obtienen resultados, pero los que no actúan están llenos de excusas.

Siempre tienes que actuar, incluso cuando no te apetezca; si la motivación no está presente de forma natural, debes obligarte a actuar, en lugar de intentar racionalizar lo que está sucediendo y excusarte en ello. Es lo único que marca la diferencia. Puede que seas talentoso/a o hábil, pero si no eres un/a gran trabajador/a, será mucho más difícil lograr tus sueños. Un truco que te ayuda a tomar más acción es delinear tus objetivos, como lo vimos previamente.

- Creación de horarios

La creación de horarios te ayuda a comprender cómo gastar mejor tu tiempo. Si eres una persona ambiciosa, hay demasiadas actividades en las que te verás involucrado/a, por lo que si no tienes habilidades de organización, te encontrarás ocupado/a y, aun así, no lograrás tus metas. Con un horario, eres capaz de realizar mucho más trabajo y también te ayuda a priorizar las actividades más importantes; crea un horario para tu día, semana, mes, año e incluso para tu vida enumerando tus metas y el plan de acción necesario para lograrlas.

Un horario te ayuda a mantener un equilibrio perfecto en tu vida laboral.

- Actitud positiva

En el corazón de mantener una actitud positiva está la realización de lo que quieres y lo que no quieres. Con una actitud positiva, tiendes a concentrarte principalmente en lo que quieres. La mayoría de las personas tienen un gran potencial y, sin embargo, tienen dificultades para lograr sus objetivos debido a una actitud terrible; cuando tienes una actitud positiva, estás practicando sin darte cuenta la ley de la atracción. Te ayuda a mantenerte motivado/a y alcanzar tus metas importantes. Además, una actitud positiva fomenta la colaboración y ayuda a alcanzar sus objetivos en conjunto, mientras que una mala actitud no solo sofoca tanto tu ambición como tu creatividad, sino que también aleja a las personas de ti.

- *Mindfulness*

El *mindfulness* (en inglés, que podríamos traducir como conciencia plena), es la capacidad de una persona para vivir el momento; es un hábito increíblemente poderoso porque te ayuda a saborear la vida a un nivel más profundo. Aprender a mantener la mente en el presente es una habilidad que cualquiera puede dominar, por ejemplo, si tienes una conversación con alguien, debes prestarle toda tu atención, mirarle a los ojos, escucharle activamente y reflejar su lenguaje corporal; si estás en un restaurante comiendo, debes prestar atención a tu comida, disfrutándola con entusiasmo. La atención plena te ayudará a notar cosas que otras personas casi nunca notan.

- Valentía

Muéstrame una persona exitosa y te mostraré una persona valiente, difícilmente se puede lograr o mantener el éxito cuando se es un cobarde. Cuando comienzas a seguir tus sueños, existen muchos desafíos que podrían decepcionarte, pero con valentía, muestras tu decisión a superar estos desafíos y seguir adelante con tus sueños y aspiraciones. Lo asombroso del coraje es que también es una habilidad, nadie nace cobarde; todo lo que tienes que hacer es adquirir las habilidades adecuadas y, finalmente, estarás rebosante de valentía.

- Evita las actividades sin sentido

Hay demasiadas actividades sin sentido que nos impiden utilizar bien nuestro tiempo. Si no tienes cuidado, puedes ser absorbido/a fácilmente por el vórtice de las actividades sin sentido, y esto te causará enormes pérdidas.

Algunas de estas actividades sin sentido incluyen ver programas de televisión violentos, participar en chismes o perseguir las tendencias de la moda; no solo te hacen perder el tiempo, sino que también envenenan tu mente.

Deseas participar en actividades que te fortalezcan y te ayuden a vivir el nivel de vida que siempre has deseado para ti, por lo tanto, debes evitar estas actividades sin sentido.

- Toma descansos

El hecho de que estés trabajando no significa que debas ignorar todos los demás aspectos de tu vida, es importante darte cuenta de cuándo has ejercido mucha presión sobre ti mismo/a y tomar un respiro. Algunas personas tienen una alta tasa de perseverancia, pero otras personas solo pueden trabajar a ritmos pesados durante un tiempo.

Una vez que hayas dado todo de ti, te quedarás sin energía, y durante esos periodos está bien tomar un descanso antes de continuar con tus actividades.

Si no descansas cuando es necesario, aumentas las posibilidades de agotamiento, lo que podría terminar en un colapso mental y arruinar tu ética de trabajo. Así que averigua cuándo necesitas descansar.

- Amplía tu conocimiento

Vivimos en una era de innovación salvaje. Lo que está de moda hoy estará pasado de moda mañana, por lo tanto, tenemos que expandir continuamente nuestro conocimiento e imaginación, de modo que podamos mantenernos a la vanguardia en nuestros respectivos campos.

En el momento en que nos volvemos demasiado complacientes, corremos el riesgo de que otros tomen nuestra posición y nos releguen a una posición inferior, o nos aplasten por completo, pero adquirir habilidades y conocimientos ya no se trata de asistir a la escuela y obtener una maestría. Internet ha revolucionado la forma en que adquirimos y consumimos información, y dado que hay Internet en prácticamente todos los rincones del mundo, ha nivelado el campo de juego dando la posibilidad de acceder a información relevante independientemente de tu ubicación.

- Mantén tu ego bajo control

Es posible que desees mantener tu ego bajo control a medida que asciendes porque no estás asegurado/a contra el fracaso. Recuerda que cuanto más alto vayas, más difícil será la caída; sin embargo, mantener tu ego bajo control es mucho más que simplemente el miedo al fracaso, sino que es la actitud correcta hacia el éxito. Si has logrado el éxito, independientemente de cuál haya sido tu medida de éxito, debes tener en cuenta que la mayoría de las personas no han realizado sus sueños, ni lo harán, y por lo tanto, debes controlar tu ego. El éxito debe tomarse con humildad, y una vez que tengas el poder, debes tratar a los que están debajo de ti con respeto.

- Inteligencia financiera

El dinero es una dimensión siempre presente en la vida humana. Para lograr tus objetivos, tendrás que usar dinero; pero si eres descuidado/a con tu dinero, corres el riesgo de sofocar tus ambiciones. Por lo tanto, la inteligencia financiera es extremadamente crítica para lograr el éxito, debes presupuestar tu dinero y asignar los recursos adecuados a varios campos.

- Establecimiento de altos estándares

Cuando estableces altos estándares para ti mismo/a, sucede algo: tus resultados llaman la atención. Al desempeñarte extremadamente bien, te colocas por encima del resto y esto te ayuda a crear una reputación. Establecer altos estándares para uno mismo es más que trabajar duro, sino también inspirar a quienes trabajan junto a ti a estar en su mejor forma; se trata de estirar tus límites y explotar todo tu potencial.

- Toma de decisiones

En el corazón del éxito o del fracaso están las decisiones. Las grandes decisiones producen grandes resultados, y ciertamente también sucede viceversa; por lo tanto, debes dominar la habilidad de tomar decisiones. No solo debes ser preciso/a, sino también rápido/a.

- Resolución de conflictos

No importa a dónde vayas o lo que hagas, nunca se sabe cuándo el conflicto asomará su fea cabeza. Por supuesto, no debes andar buscando conflictos y, al mismo tiempo, no debes hacer la vista gorda ante una injusticia perpetrada contra ti.

Resolver conflictos se trata de defender tus derechos y mostrar a los demás que esperas que te traten bien. La agenda para resolver un conflicto es encontrar un terreno común, ya que cuando no utilizas los métodos adecuados, puedes provocar un mayor antagonismo y hostilidad.

- Buenos amigos

Al final del día, eres el promedio de los amigos que conservas. Si mantienes malos amigos, seguramente serás una mala persona, y si mantienes buenos amigos, seguramente serás una buena persona. Debes seleccionar amistades que estén alineadas con sus valores, tus amigos te ayudarán a lograr la estabilidad emocional y, en algunos casos, a promover tu carrera. Así como esperas que tus amigos sean leales, también debes serle fiel a ellos.

14

Mejora tu actitud

Si quiere ver resultados reales en tu vida, deberías empezar a actuar en lugar de simplemente pensar. La primera tarea que debes hacer es adoptar una actitud positiva, una vez que tu corazón se llene con la luz del optimismo y el entusiasmo, verás un aumento dramático en las oportunidades que tienes y una caída significativa en la cantidad de problemas en tu vida. La positividad es esencial para las personas que aman liderar a otros, solo una persona que tiene una actitud positiva puede obligar a otras personas a realizar una acción específica.

Las razones para controlar tu forma de pensar

¿Alguna vez te has preguntado qué impacto puede tener el cambio en tu forma de pensar en tu éxito y fracaso? Lo que creemos puede afectar significativamente lo que logramos en la vida: ¿qué es la mentalidad? Una mentalidad generalmente alude a cualidades como tu talento y el acervo de inteligencia que tienes, algunas personas tienen una mentalidad fija y creen que algunas cualidades son innatas y no se pueden cambiar, mientras que otras tienen una mentalidad de crecimiento, con la creencia de que todos pueden desarrollar habilidades individuales a través del trabajo duro y el compromiso.

Esta noción se puede explicar con un simple ejemplo: algunos niños ven cada problema como un desafío que deben resolver, intentan encontrar algo que aprender de la experiencia; otros ven los problemas complejos como imposibles de resolver, se deprimen pensando que su inteligencia está siendo juzgada y examinada. Los niños que ven los desafíos de manera positiva tienen una mentalidad de crecimiento mientras que el segundo grupo de niños tiene una mentalidad fija.

Nuestra mentalidad cuenta con un papel crucial en la configuración de nuestra personalidad y nos ayuda a enfrentar los desafíos diarios de la vida.

Si un estudiante tiene una mentalidad de crecimiento, podrá lograr cambios significativos en su vida a la hora de hacer un esfuerzo en la búsqueda de empleo o iniciar un nuevo negocio, además, las personas que tienen una mentalidad de crecimiento muestran un mayor nivel de resiliencia tras los fracasos; una mentalidad así les permite mostrar perseverancia cuando se ven sometidos a contratiempos.

Por el contrario, las personas con mentalidad fija tienden a darse por vencidas fácilmente. Un hábito particularmente malo de las personas con mentalidad fija es que siempre necesitan la aprobación de los demás, viven para complacer a los demás y por eso su mayor temor es el rechazo de la sociedad. Les importa mucho cómo reaccionará la sociedad ante cualquier cosa que hagan. ¿Serán percibidos como ganadores o perdedores? Estos pensamientos juegan un papel importante en detener su crecimiento.

Las personas con mentalidad de crecimiento tienen hambre de aprender, creen que cada experiencia que tienen les está enseñando una valiosa lección, también les encantan los desafíos porque les enseñan algo nuevo.

Factores en juego para transformar una mentalidad

Generalmente, las personas en todo el mundo tienen dos tipos de mentalidades que se construyen a partir de sus experiencias en el hogar o en la escuela. Puedes saber el tipo de mentalidad que tienes al estudiar los rasgos de tu personalidad; por ejemplo, algunas personas son naturalmente más inteligentes que otras.

Hay personas que creen que no pueden cambiar las habilidades que tienen ni sus rasgos de personalidad, piensan que el talento no se puede adquirir y que lo que tienen naturalmente no se puede cambiar. Si tienes pensamientos como estos, tienes una mentalidad fija. Por otro lado, algunas personas tienen el poder de cambiarse a sí mismas, creen que pueden aprender cosas nuevas y su inteligencia tiene la capacidad de crecer y mejorar; además, no tienen reparos en trabajar duro y adquirir y practicar nuevas habilidades para el desarrollo de habilidades latentes. Si puedes pensar así, tienes una mentalidad de crecimiento.

¿Por qué cambiar de mentalidad?

El cambio es constante e influye en cada decisión que tomamos y en el camino en el que dirigimos nuestras vidas, las cosas están cambiando a nuestro alrededor a un ritmo rápido y tenemos que mantener el ritmo para tener éxito en la vida. El panorama empresarial está cambiando rápidamente y están apareciendo nuevas industrias, la tecnología está arrasando en el mundo al abrirse paso en diferentes campos. El cambio es un camino hacia la felicidad y el éxito.

. . .

Creo que nuestras mentes son dispositivos potentes y, al cambiarlos, podemos cambiar el curso de nuestras vidas. Podemos mejorar nuestras vidas si podemos cambiar la forma en que pensamos y reaccionar ante diferentes experiencias y pensamientos, nuestra felicidad depende de quiénes somos y quiénes queremos ser. Aquí hay un desglose de las señales que indican que debes cambiar tu forma de pensar.

1. Si te estás enfocando continuamente en lo incorrecto, necesitas cambiar tu forma de pensar; a veces, tu mente se concentra en las decepciones y las preocupaciones, y simplemente no logra ver la positividad que se te presenta. No digo que las cosas malas no existan o que no te afecten en absoluto, pero hay muchas posibilidades de que aún con malas situaciones, algunos aspectos de tu vida se mantengan en buena forma.
2. Todo lo que necesitas hacer es estar agradecido/a por las cosas buenas en tu vida porque eso te ayudará a mantener las cosas malas fuera de tu camino. Si tienes el hábito de ignorar las cosas buenas de tu vida, existe una mayor probabilidad de que no puedas utilizarlas en su beneficio.
3. Necesitas desesperadamente cambiar tu forma de pensar si te enojas por sufrir una pérdida y no crees en celebrar tus victorias. Puede que

siempre pienses que el fracaso acecha detrás de cada victoria que tienes, y es por eso que no puedes estar agradecido/a por los preciosos momentos de la vida, incluso cuando estás triunfando. No puedes apreciar lo que has logrado y esto te lleva a la frustración y al desánimo, lo que indica una mentalidad negativa y es necesario cambiarla. Debes darte cuenta de que si sigues poniendo en duda tus victorias, seguirás siendo un/a ingrato/a ante lo que has logrado.

4. Puede llegar un momento en tu vida en el que dejes de enfrentarte a la realidad.
5. Por ejemplo, el cielo está cubierto de nubes y llueve sin parar durante dos días, puedes maldecir todo lo que quieras a las nubes y la lluvia, pero esto no hará que salga el sol; las quejas agitan tu cerebro pero no harán nada más para cambiar la situación.
6. Si no estás ganando lo suficiente, puedes cambiar esto trabajando más duro, pero hay algunas cosas que simplemente no se pueden cambiar, como el clima. Debes comenzar a aceptar la realidad tal como es para lograr un cambio en tu forma de pensar.
7. Necesitas cambiar tu forma de pensar si siempre te quejas de lo que tienes en la vida en comparación con lo que no tienes. Ser ambicioso/a es por lo que todo el mundo

debería esforzarse, pero hacerlo demasiado nos ciega y nos aparta de todas las bendiciones que ya tenemos en nuestra vida. Por ejemplo, si deseas una gran casa de lujo y un automóvil deportivo como los que tiene algún amigo tuyo, mientras tú vives en una casa pequeña y conduces un automóvil normal, no debes olvidar la época en que vivías en un departamento compartido y solías viajar en autobús. Esforzarte por lograr lo mejor es algo que todos desean, pero a veces esto nos lleva a una situación en la que nunca estamos satisfechos con lo que tenemos y creamos un vacío que simplemente no se puede llenar.

8. Si te gusta desempeñar el papel de víctima, tu forma de pensar necesita un cambio.
9. No estoy diciendo que la gente nunca te haya hecho daño, puede llegar un momento en el que hayas sido víctima de personas cercanas a ti en circunstancias desfavorables. Cuando sientas que ha sido victimizado/a, debes hacerte la siguiente pregunta:
10. ¿Me empodera el victimizarme a mí mismo/a? Sé honesto/a contigo mismo/a, incluso si has sido víctima antes, rechazar ese papel te ayudará a asumir un papel nuevo y más decisivo, y esto es algo que seguramente puede empoderarte más.
11. La gente siempre recibe con agrado los finales dramáticos y las escenas emocionales en su

mente, les dan tanta bienvenida que a veces crean algunos ellos mismos. Ha sido evidente en los últimos años a través de la investigación que las personas que tienen mentalidades negativas dan espacio a pensamientos ajenos que no deberían pertenecer a sus mentes. Estos pensamientos incluyen mensajes de tus padres, convenciéndote de que eres un fracaso y que no puedes perseguir tus sueños, por ejemplo; o los pensamientos también pueden ser mensajes de tu pareja sentimental disminuyendo tu valor como compañero/a de vida. Debes eliminar inmediatamente estos escenarios y pensamientos de tu mente si deseas cambiar tu forma de pensar, estos pensamientos no son tuyos, se basan en los pensamientos de otras personas y reflejan sus juicios. Suéltalos y aclara tu mente.

12. Los desacuerdos son una parte normal de la interacción humana de vez en cuando, sin embargo, si no estás de acuerdo con las personas con regularidad, esto puede indicar que necesitas un cambio de mentalidad; no me refiero a la gente con la que te encuentras en la calle, me refiero a las personas en las que confías y a las que respetas en tu vida.

13. No siempre obtenemos lo que queremos en la vida, así es como funciona el mundo. A veces, tus expectativas siguen sin cumplirse y las personas sanas se dan cuenta de este hecho, pero si te enojas y frustras por las expectativas no

cumplidas, no estás en el camino correcto. El que se cumplan todas tus expectativas es antinatural y sobrenatural.

14. Las expectativas tienen un impacto significativo en nuestras mentes, si continuamente establecemos altas expectativas, nunca estaremos satisfechos con nuestras vidas y esto nos conducirá a la frustración y al enfado. Por ejemplo, supongamos que te fijaste la meta de que al llegar a los 45 serías millonario/a, pero no estás ni cerca de alcanzar ese objetivo… No hay duda de que te sentirás frustrado/a. Algunas personas están dotadas de habilidades excepcionales y logran este objetivo incluso antes de la edad objetivo que establecieron, pero no todos pueden hacer lo mismo.
15. En lugar de crear expectativas poco realistas y aumentar la presión interna, debes ajustar tu forma de pensar para plantearte objetivos de manera realista y prosperar en este mundo.

Cambia tu visión

La declaración de misión de una persona es una constitución personal que se convierte en la base para tomar decisiones que le cambian la vida y le permite adaptarse a los cambios venideros. Si deseas tener éxito en la vida, debes crear una declaración de misión personal a seguir, pero también es un hecho que no puedes escribirla de la noche a la mañana. Toma tiempo, tienes que responder varias preguntas que te vienen a la mente, como el factor del "*porqué*" en tu vida.

15

Disfruta de tu vida

Vivir tu mejor vida y ser la mejor versión de ti es más que simplemente lograr todas tus metas. También es importante que puedas disfrutar de tu vida, después de todo, ¿cuál es el punto de existir si ni siquiera eres feliz? Hay algunas formas en las que puedes ayudarte a disfrutar de tu vida, haciendo que todos tus objetivos parezcan valer la pena. Podrás ser más positivo/a y tener un mayor aprecio por la vida.

Disfrutar de tu vida te permitirá ver más claramente lo que te importa y de qué se trata la vida, te sentirás libre y creativo/a.

Por supuesto que puedes vivir tu vida y odiar cada momento de ella, puedes sufrir todos los días, sin que te guste tu vida y deseando que las cosas sean diferentes. O bien, puedes tomar medidas para hacer que tu vida sea placentera y así poder aprovecharla al máximo.

Practicar la gratitud puede ayudarte a apreciar verdaderamente todo lo que ofrece la vida y, como resultado, es posible que te sientas más positivo/a. Apreciarte a ti mismo/a, a quienes te rodean y a todo lo que encuentres en tu camino puede darte algo de positividad, también puedes aprender a concentrarte en el momento presente, ya que eso te permitirá experimentar la mayor alegría. Vivirás el momento en lugar de pensar en lo que sucedió en el pasado o en lo que podría suceder en el futuro.

Aprender a hacer lo que amas realmente puede ayudarte a tener éxito y ser feliz. A menudo, pensamos que solo podemos elegir uno de estos, sin embargo, es importante recordar que puedes tenerlo todo. Finalmente, en este capítulo también aprenderás cómo y por qué mejorarte constantemente: si permaneces igual, no pasará nada y no experimentarás crecimiento. Disfrutar de tu vida también requiere que disfrutes del cambio.

Practicar la gratitud

Dedicarte un poco de tiempo todos los días a practicar la gratitud puede ser de gran beneficio para ti. Es muy importante poder estar agradecido/a, sentirte bendecido/a y apreciar todo lo que te ofrece la vida; cuando practicas la gratitud, es difícil no ser una persona positiva, podrás concentrarte en todo lo que tienes en lugar de en todo lo que deseas, lo que puede tener un gran impacto en ti, será más fácil encontrar los rasgos positivos de las personas en tu vida y encontrar positividad en todo lo que sucede.

Es muy sencillo practicar la gratitud, es gratis, rápido e incluso puede ser divertido. Solo unos minutos al día pueden marcar una gran diferencia, y hay muchas formas de practicar la gratitud. Serás una persona mucho más positiva al hacerlo, te sentirás mejor con tu vida y también estarás mucho más motivado/a.

Claro que puedes elegir, sin embargo, sé que te gustaría practicar la gratitud. Debido a que hay tantas formas de hacerlo, puedes cambiarlo todos los días, tienes muchas opciones para elegir, por lo que debe haber al menos una que funcione para ti.

Puedes llevar un diario de gratitud para ti mismo/a en el que escribas todos los días, es posible que tengas una lista de gratitud a la que agregues algo cada mañana, y esto incluso puede ser solo una parte de tu diario personal. El simple hecho de escribir cinco cosas por las que estás agradecido/a cada día realmente puede ayudarte a concentrarte en lo que amas.

· · ·

Esto es genial para hacer durante la mañana, ya que puedes comenzar el día con una visión positiva. También puedes considerar hacer esto antes de irte a la cama para terminar el día pensando en aquello por lo que estuviste agradecido/a a lo largo del día, lo que puede dejar una mejor sensación sobre el día en general.

¡Hay tanto que apreciar! Mientras estés afuera, observa la belleza del cielo, las plantas, los animales y la naturaleza en su conjunto. Recuerda agradecer a tus amigos, son los que están ahí para ti y con los que pasas tiempo. Lo mismo ocurre con la familia. Antes de comer, tómate un momento para agradecer la comida que tienes, no todo el mundo puede elegir.

Encuentra lo bueno en todo.

Haz una pausa durante el día y recuerda lo grandiosa que es la vida, expresa tu gratitud, diles a los demás cuánto los amas y aprecias. Sonríe más a menudo, especialmente a los extraños, ¡ellos también son personas! Practica actos de bondad al azar sin esperar nada a cambio, llama a amigos y familiares solo para saludar, ofrécete como voluntario/a para las causas que te apasionan, elogia a los demás, comunícate con aquellos con quienes no has hablado en un tiempo.

. . .

Incluso pasar tiempo con otras personas es una excelente manera de expresar gratitud, recuerda apreciar el tiempo que tienes con ellos, agradece a los que ayudan y sirven en tu vida: puede ser un cajero, un conserje o un asistente de vuelo, estas personas son esenciales para la economía, pero rara vez se les agradece su trabajo. Puedes hacer que el día de alguien sea mucho mejor por eso.

Recuerda expresar gratitud a ti mismo/a, agradece tanto tus fortalezas como tus debilidades, y recuerda estar agradecido/a por estar vivo/a, también es importante apreciar los desafíos de la vida. Puede ser bastante fácil nombrar todos los aspectos positivos de la vida por los que estás agradecido/a, sin embargo, también es importante recordar expresar gratitud por los desafíos y errores.

Te hacen quien eres.

Enfocarse en el momento presente

Practicar la atención plena y vivir el momento presente realmente puede ayudarte a disfrutar más de tu vida, tendrás una mayor apreciación de lo que está sucediendo ahora en lugar de concentrarte en lo que ya sucedió o en lo que podría suceder. Esto también puede ayudarte a aliviar tu estrés y ansiedad, además de que estarás mucho más consciente de lo que está sucediendo y te permitirá desarrollar un mayor aprecio por la vida ya que estarás plenamente presente en el momento.

Concentrarte en el presente puede ayudarte a apreciar más a los demás. Durante las conversaciones, es común simplemente esperar un turno para hablar; en lugar de escuchar completamente lo que dice la otra persona, planificas en tu cabeza lo que vas a decir mientras solo escuchas aproximadamente la mitad de lo que dice la otra persona. Realmente escuchar hará una gran diferencia y los demás realmente te apreciarán por hacerlo, incluso es posible que formes mejores relaciones con ellos.

Puedes llegar a inspirar a otros a escuchar mejor sus conversaciones y también puedes apreciar más a los demás porque estás allí con ellos plenamente, lo que puede permitirte disfrutar realmente el momento en lugar de preocuparte por otras cosas.

Entonces, estar presente también puede ayudarte a dejar de estar tan preocupado/a por todo, además de que podrás observar al pasado desde una nueva perspectiva. Estar presente te impedirá pensar en todo lo que salió mal en el pasado, cualquier error que tú (u otros) cometieron y cualquier resentimiento que tengas. Dejarás de preocuparte por lo que pueda suceder en el futuro.

• • •

La realidad es que no se puede predecir el futuro, ya que nada sale completamente según lo planeado, es mejor apreciar el presente por lo que es, y la vida será más placentera como resultado. Puedes estar más presente si diriges tus pensamientos hacia ahora, cuando sientas que vas a la deriva, vuelve a la realidad. Puedes intentar concentrarte en algo que está sucediendo en ese momento, o quizás prefieras concentrarte en tus sentidos.

La meditación puede ayudarte a poner tu mente en el presente, podrás concentrarte mucho mejor en lo que está sucediendo ahora. La gratitud también puede ayudarte a concentrarte en el presente, puedes pensar en aquello por lo que estás agradecido/a en un momento específico, y eso te permitirá prestarle atención y apreciarlo realmente.

Vivir en el momento presente también puede ayudarte a apreciar lo que tienes en lugar de lo que quieres. Nunca terminamos, tu lista de tareas pendientes probablemente nunca estará vacía, siempre habrá cosas nuevas para realizar. El cambio siempre está sucediendo. Si puedes vivir en el presente en lugar de concentrarte en todo lo demás que está sucediendo, te sentirás mucho mejor, podrás apreciar lo que tienes ahora mismo. Puedes dejar de pensar en cómo solía ser la vida y cómo era mejor entonces, al igual que puedes dejar de pensar que serás feliz una vez que logres algo más. Aprecia la vida por lo que es ahora, no más tarde.

Haciendo lo que amas

Tu vida debe estar llena de amor, gozo y felicidad. A menudo tratamos de obligarnos a continuar con cosas que no nos gustan, hacemos lo que pensamos que deberíamos estar haciendo o seguimos el camino de los demás. Esto no te llevará a ninguna parte, debes seguirte a ti mismo/a, ya que estarás allí donde sea que vayas.

Aprende a pasar tu tiempo haciendo lo que amas, no lo que aman los demás. Elimina lo que no te gusta de tu rutina, esto puede tener un gran impacto en ti y serás mucho más feliz. Todo se puede cambiar. Quizás no te guste ir al gimnasio y realmente no te conviene, pero sientes que tienes que hacerlo porque quieres ejercitarte y mantenerte en forma, pero hay muchas otras opciones: puedes correr, andar en bicicleta, nadar, unirte a una clase de *fitness* o incluso hacer ejercicio desde casa.

Piensa en tu rutina diaria y en cualquier cosa que no te guste en particular, ¿cómo puedes cambiarlo para que sea más agradable? Hay muchas formas en las que puedes mejorar tu día y esta es una solución simple para ti: haz todos los días algo que te guste. Todos los días, tómate un tiempo para hacer algo que te haga sentir pleno/a, esto podría ser tan simple como dedicar unos minutos a leer un libro de un género (o sobre un tema) que te interese, por ejemplo.

Haz una lista de lo que amas y comprométete a hacer al menos una de esas cosas todos los días.

No tiene por qué ser algo que dure horas, cueste dinero o requiera que vayas a un lugar especial; pero sí debería ser algo que te brinde alegría. Cuando te tomes un tiempo para ti mismo/a, también verás tu valor y lo bien que se siente cuidarte a ti mismo/a.

Realiza cambios si no estás satisfecho/a con el lugar donde te encuentras; si no te gusta tu trabajo, busca uno nuevo, hazlo incluso si estás ganando mucho dinero porque puedes llegar a ganar lo mismo haciendo cualquier cosa siempre que te apasione. Nada debería detenerte. No hay razón para perder el tiempo haciendo algo que no disfrutas cuando hay mucho más en la vida.

Si quieres moverte, hazlo. Si hay algo que deseas comprar, ahorra. ¿Si no es ahora, cuándo? No sigas retrasando tu felicidad, descubre más sobre ti y lo que te gusta. Todos los días, prueba algo nuevo; esto podría ser comida nueva, o ir a un lugar diferente o explorar un tema nuevo.

. . .

No sabrás si te gusta hasta que lo pruebes, no puedes suponer automáticamente que no te gusta todo lo que no has probado.

E incluso si no te gusta, ahora sabes que no te gusta, sin embargo, es posible que descubras muchas cosas nuevas que nunca hubieras imaginado que te gustarían.

Quizás pidas lo mismo en el menú cada vez que vayas a un restaurante porque es tu "artículo favorito", sin embargo, no sabrás si realmente es tu favorito hasta que hayas tenido todo en el menú. Puedes probar algo nuevo y que sea tu nuevo favorito. Te das un no automático si ni siquiera lo intentas.

Conclusión

TODOS EXPERIMENTAMOS éxitos y fracasos en el curso de la actividad creativa normal, son indicadores naturales de resultados; sin embargo, la idea del fracaso, el miedo, la ansiedad, la duda, y muchos otros pensamientos y emociones más pueden salirse de control y convertirse en una mentalidad completa que comience a alimentarte y continúe de una manera que crees condiciones restrictivas para la conciencia, excluyendo muchas de las posibilidades ilimitadas que son una consecuencia natural de nuestra mente.

¿Podemos hacer algo al respecto si descubrimos que estamos influenciados por ese pensamiento?

¿O seguirá deteniéndonos y derribándonos para siempre para negarnos el éxito creativo que es nuestro derecho de nacimiento? Tú eres ahora consciente de cómo la vida y el estrés pueden afectar tu mente, así como la forma en la que la ansiedad, la depresión y la ira pueden afectarte. Es importante tratar adecuadamente todas estas situaciones, una vez que lo hagas te sentirás mucho mejor.

Practicar la autodisciplina es importante, puedes practicar el control de tus pensamientos para poder tomar mejores decisiones en tu vida diaria. Puedes trabajar en tu actitud, lo que puede ayudarte a pensar con mucha más claridad sobre lo que deseas, además, estarás mucho más motivado/a para lograr tus objetivos. Eliminar las actitudes negativas y reemplazarlas por positivas puede ayudarte a sentirte mejor y también a mejorar tu relación con los demás. Ahora puedes concentrarte en lo que quieres estableciendo metas para ti mismo/a.

Somos lo que creemos, si reducimos el éxito y el fracaso a su base más simple, podemos decir que si creemos que tenemos éxito, lo lograremos, y si creemos que somos fracasados, seremos fracasados.

El concepto más poderoso a considerar aquí es el control del pensamiento y las emociones y su fuerza radica en su sencillez, debemos recordar que aquello a lo que estamos expuestos constantemente se convierte en un patrón habitual en nosotros.

Por ejemplo, la mentalidad de frustración es generada y mantenida por los patrones de pensamiento limitantes negativos que hemos establecido en nuestra mente y conciencia subconsciente, pero una vez que lo reconocemos y aceptamos trabajar en ellos, nos convertimos en los administradores de estos hábitos de pensamiento deprimidos y negativamente fallidos, lo que facilita el ayudarnos a nosotros mismos.

La tarea de reemplazar el pensamiento negativo y los patrones de comportamiento establecidos desde hace mucho tiempo, por otros tipos de pensamiento nuevos, positivos y constructivos es como un viaje, y este viaje puede requerir que hagamos pequeños viajes extra en el camino. No te preocupes, puedes hacerlo; muchos otros han seguido con éxito este camino, y tú también lo harás. Sin embargo, sabes bien que necesitas algunas herramientas y equipos que no solo te ayudarán a llegar allí, sino que también te ayudarán a superar los golpes ocasionales.

Has aprendido sobre los tipos de metas que puedes establecer, cómo determinar qué objetivos perseguir, identificar tus prioridades y planificar tus acciones. Todos estos son grandes pasos a seguir para que puedas descubrir lo que realmente quieres en la vida, en conjunto con el comenzar a cambiar tus hábitos, meditar, practicar la gratitud… Hacer todo esto puede ayudarte a disfrutar más de tu vida.

• • •

También es posible convertirte en una mejor persona. Esto se puede lograr agregando más bondad y compasión a tu vida, practicando la paciencia, aprendiendo a entenderte a ti mismo/a y a los demás, y evitando reaccionar exageradamente. Todo lo que aprendiste en estas líneas requerirá algo de práctica, es hora de que definas lo que significa el bienestar para ti y comiences tu camino para alcanzarlo.

Ten en cuenta que tu visión del éxito puede ser diferente a la definición tradicional, de hecho, el éxito se verá diferente para cada persona. Piensa detenidamente y decide cuáles quieres que sean tus objetivos a largo plazo: tal vez sea para abrir un negocio, escribir una novela, ganar suficiente dinero para mantener a tu familia cómoda, o iniciar una organización benéfica para una causa que le importa.

Puede ser cualquier cantidad de cosas, siempre y cuando sea algo que te hable y que continúe motivándote en el difícil viaje que tienes por delante.

Incluso puede ser algo más vago, como la felicidad, siempre que puedas dividirlo en metas más pequeñas que sean alcanzables. Sea lo que sea, escríbelo. Comienza a dividirlo en metas más pequeñas que te llevarán al éxito e incluso en metas diarias aún más pequeñas que te garantizarán que tendrás algo que celebrar todos los días.

· · ·

Luego, comienza a cultivar tus hábitos, utiliza las técnicas a lo largo de este libro para cambiar tus hábitos y tu forma de pensar. Recuerda que será difícil, ya que nuestro cerebro es naturalmente resistente al cambio, pero ten cuenta tu objetivo final como motivación y realiza los cambios gradualmente, como con el ejercicio.

Quizás te estés preguntando, como la mayoría de nosotros, ¿qué sucede después de haber alcanzado tus metas y lograr tu éxito? ¿Qué pasa cuando logras dominar tus emociones y comienzas a mejorar como persona? En primer lugar, da un paso atrás y admira todo lo que has hecho para llegar a ese punto.

Puede ser fácil quedar atrapado/a en el trabajo diario que acompaña a tu éxito y olvidarte de reconocer que has alcanzado tus metas, claro que es importante preocuparte por el viaje, pero no olvides evaluarte de vez en cuando para ver dónde te encuentras.

Celebra las pequeñas victorias y cuando alcances un gran objetivo, celebra a lo grande. Organiza una fiesta, tómate un día de spa o lo que sea que te parezca una gran recompensa porque lo mereces. Planifica esto con anticipación y conviértelo en parte de un tablero de sueños, porque entonces sabrás con seguridad, en el fondo de tus entrañas, que estás aquí, que lo lograste.

Después de celebrar, es hora de redefinir tu éxito, para que no te quedes atascado/a sin tener idea de a dónde ir a continuación. El éxito debe mantenerse en constante evolución, esto evitará que te quemes y mantendrá tu mente trabajando para lo siguiente, así como también evitará que te quedes atrapado/a en cada pequeño detalle que difiera entre la realidad de tu éxito y cómo imaginas que sería.

Mantén la plasticidad de tu cerebro y continúa con tus hábitos como antes, ya que estos no son algo que persigue un objetivo final sino que son continuos, y tenerlos para construir tus días te ayudará a no preocuparte tanto por el futuro, porque es probable que el futuro se parezca mucho al día de hoy, en el que tus hábitos llenan gran parte del tiempo.

Tus próximas metas serán más fáciles de alcanzar con la base que has construido para ti, con todos los recursos que has adquirido y las relaciones que has construido. Si amas lo que estás haciendo actualmente, entonces tu nuevo objetivo podría ser mantenerlo, incorpora redundancias para protegerlo y comienza a encontrar formas de refinarlo aún más.

Todavía requerirás trabajo duro y dedicación para adaptarte al mundo cambiante, así que mantente al tanto de lo que sucede a tu alrededor y asegúrate de que puedes adaptarte a los tiempos.

O bien, puedes mirar al siguiente nivel de tu puesto actual y evaluar lo que puedes hacer para promover tus éxitos y llegar. Por ejemplo, si comenzaste esa organización benéfica y es un gran éxito a nivel local, considera llevarla a todo el estado y tener otras sucursales. Si tu restaurante local despegó y mantener eso no suena lo suficientemente interesante, considera abrir otro lugar, o llevarlo a la calle en un camión de comida, o llevar tus recetas a los estantes de las tiendas de comestibles.

No es una vergüenza quedarte quieto/a si te gusta el lugar en el que te encuentras, pero el potencial de expansión está limitado solo por tu imaginación. Puede ser tentador caer en una mentalidad negativa una vez que hayas alcanzado tus grandes objetivos, simplemente porque es posible que no te sientas tan diferente. En este punto, tus hábitos deben estar arraigados, pero es posible que sientas el deseo de dejar de esforzarte por mejorar.

Está bien tomarse un descanso mientras celebras tu éxito, pero vuelve a tus hábitos saludables lo antes posible. Tu mente y tu salud pueden deteriorarse sin el mantenimiento adecuado, y esto podría hacer que retrocedas en tu éxito.

También puedes perder la sensación de rutina en tus hábitos ganados con tanto esfuerzo si los dejas el tiempo suficiente, lo que significa que tendrás que trabajar para arraigarlos de nuevo.

Es posible sentirte abrumado/a por todo lo que estás haciendo, especialmente si estás enfrentando muchos cambios, o enfrentar el temor de perder el éxito que tanto te costó ganar, la sensación de que lo que has logrado no es estable y te lo pueden quitar.

Apóyate en la gente que te ama, y ten presente lo que comentamos anteriormente, nuestras mentes no están diseñadas para la satisfacción y tenemos que vivir y trabajar a esa frecuencia. Recuerda que alcanzaste tus metas a través de tu arduo trabajo y mérito, y eso nadie te lo puede quitar, sin importar lo que suceda con tu negocio en un año, en cinco o cincuenta años. Tu éxito es tuyo.

Tu definición de éxito puede cambiar a lo largo del camino.

Está bien. Consulta contigo mismo/a qué quieres con frecuencia y ajusta tus objetivos a largo plazo según sea necesario. No hay vergüenza en redirigir, ya que somos humanos y nuestros sentimientos sobre las cosas cambian constantemente.

. . .

Tu motivación depende de tus emociones, por eso es importante que mantengas tus metas alineadas con lo que sientes y crees. A medida que obtengas nueva información y realices cambios en tu vida, puedes desear cosas diferentes para tu éxito o encontrarte con nuevas opiniones o valores que no están en línea con tus objetivos originales. En última instancia, debes buscar la felicidad en tu vida. Eso es un verdadero éxito. Tu éxito debería contribuir a tu felicidad de manera importante, y viceversa, y si no es así, algo ha salido mal en el camino.

Ten en cuenta que esto no significa que debas tener éxito antes de poder ser feliz; si actualmente no estás contento/a, debes realizar cambios inmediatos en lugar de esperar un "gran salto". La felicidad y el éxito son dos cosas separadas y, aunque pueden estar relacionadas, una no produce instantáneamente la otra. Tendrás que esforzarte para asegurar que esas cosas coincidan, pero hay muchas otras cosas que puedes hacer para ganarte la felicidad, aquí y ahora, mientras esperas que tu diligente trabajo dé sus frutos y te lleve a tus sueños.

Muchos de estos hábitos de los que hemos hablado, como el ejercicio, la lectura y la mejora de las relaciones, hacen que tu día a día sea mejor, más brillante y lleno de vida.

. . .

En lo que te entrenes para dedicar tu tiempo puede traerte felicidad en este momento, y esto es lo que queremos decir con disfrutar el viaje. La visión que tienes de tu vida y el cumplimiento de tu objetivo final puede estar muy lejos en el futuro, pero tu vida cotidiana es ahora. Haz que cada momento sea una victoria, sé que puedes lograrlo.

www.ingramcontent.com/pod-product-compliance
Lightning Source LLC
LaVergne TN
LVHW021717060526
838200LV00050B/2713